中小企業×公共＝

最強の「場」

「地域創生」の法則

㈱メイホーホールディングス代表取締役
尾松豪紀
Hidetoshi Omatsu

東洋経済新報社

はじめに

2020年2月のはじめ、私は、グループ会社があるカンボジアでの仕事の帰途、香港に立ち寄りました。前年夏の民主化デモは鎮静化していたものの、建物や道路に「我反抗」などと書かれた文字が生々しく残っていました。その痕跡から、市民や学生の怒りとともに、自分たちの力で世の中を変えていこうという熱意がひしひしと伝わってきました。カンボジアの若者からも、国が貧しくても将来の夢を切り拓こうという強い意志を感じます。

ひるがえって、日本の若い人はどうでしょう。香港やカンボジアの若者のような熱気が感じられないと思うのです。それは、決して彼らのせいではなく、日本の社会や経済が長きにわたって停滞してきたことと無関係ではないでしょう。日本の閉塞した状況を打破して、若者が夢を持てる社会をつくらなければならない。そのために、若い人にとって魅力的な社会にしなければならないと改めて思ったのです。

そして図らずも、もう一つ肌で感じたのが、新型コロナウイルスに対する香港政府・市民の危機感です。そのとき、中国の武漢市では感染爆発による都市封鎖が実施されたばかりでした。日本でこのニュースを聞いたときは、ここまで思い切った措置がとれるのかと関心は持ちつつも、どこか他人事だったように思います。しかし、実際に、中国本土と地続きの香港を訪れてみて、危機意識の高さに驚きました。

香港には、２００３年のＳＡＲＳ（重症急性呼吸器症候群）の流行で多くの犠牲者が出た苦い経験があります。その経験を生かして、武漢での新型肺炎の流行が伝えられた１月早々に中国本土からの流入を遮断する水際作戦を実施していたのです。それが功を奏したのか、当時の香港の感染者を10名以下に押さえ込むことに成功していました（２０２０年６月15日現在でも感染者数は１１００名余り、死者はわずか４人にとどまっています）。

このように新型コロナウイルスを封じ込めることに成功した地域は少なく、その後のウイルスの広がりは皆さんご存知のとおりです。中東、欧州、北米、アフリカ、南米へと拡大し、死者が爆発的に増えるに及んで、ＷＨＯ（世界保健機関）は３月11日に「パンデミック宣言」を発令しました。

日本でもクラスターが発生し、４月７日には「緊急事態宣言」が出されるに至りました。ライブハウスやスポーツジムをはじめ、飲食店などが「自粛」休業し、企業も「３密」を避けるためにテレワークが進み、まさに火の消えたような２カ月となったのは記憶に新しいところです。中小企業を経営する皆さんも、それぞれが大きな影響を受けられたことでしょう。

私が経営するメイホーグループは、地域社会を支える公共関連の仕事を主としており、可能な限りテレワークに努めながら、介護ケアや建設関連の現場では細心の注意を払って業務を進めてきました。

5月末に「緊急事態宣言」はようやく解除されましたが、新型コロナ禍は一過性のものではなく、これからも新型コロナをはじめ未知の感染症流行は繰り返すことでしょう。つまり、「ポスト・新型コロナ」という新たな戦いの始まりだと認識しています。

今回の新型コロナの流行により、日本だけでなく世界的に経済・社会活動が甚大なダメージを受け、「コロナショック」と呼ぶべき事態が起きました。とりわけ、「コロナショック」は経営基盤の弱い中小企業に重くのしかかっており、経営危機あるいは倒産に追い込まれる企業が相次いでいます。このまま手をこまねいているだけでは、いっそう厳しい状況になるのは必定です。

しかし私は、今回の「コロナショック」を前向きに考え、中小企業が生まれ変わる絶好のチャンスと捉えています。

私が本書を出版しようと思い立ったのは、地域創生の担い手になれるのは中小企業しかない、日本経済の硬直・閉塞化したシステムを打破できるのは中小企業しかない、中小企業の生産性を高めることで日本経済そのものを変えることができる、そのために同じ志を持つ全国の中小企業と連携する「場（プラットフォーム）」をつくりたい、ということをお伝えしたかったからです。その思いが、「コロナショック」によっていっそう強くなりました。

私は、30年前に10人に満たない小さな会社を父から譲り受け、さまざまな業界慣習や制度などの壁に挑んできました。そして、地域の公共サービスに貢献する「地域のサポーター」を目指してM&A戦略のもと公共関連の事業を広げ、グループとしての経営基盤を強化してきました。

そうして築いてきたグループの経営基盤をベースとして、全国の中小企業に参加いただき、共に学び、共に成長を目指す「地域企業支援プラットフォーム」を構想しています。「地域企業支援プラットフォーム」のもとで参加企業が経営力・生産性を高めるとともに、個々の企業が有する高度な技術・ノウハウを結集することで大企業にも負けない新たなビジネスモデルを創造することが可能となるでしょう。

振り返ってみれば、1990年のバブル経済崩壊後も、アジア通貨危機、リーマンショック、東日本大震災、大型台風などの自然災害により、地域の中小企業は何度も大きな危機に直面し、そのたびに危機を乗り越えてきました。しかし、今回の「コロナショック」では、グローバル化により人の往来が活発になったことで一気にパンデミックに陥りました。それは感染症に限らず、さまざまな国際政治・経済問題が瞬時に世界に波及することを示しています。

「ポスト・新型コロナ時代」とは、いつ想定外の不況がやってくるかわからない不確実性の時代であり、それに備えるために、普段から高収益の経営体質を築き、臨機応変に変化に対応できる経営力を培うことが重要となります。

私が構想する「地域企業支援プラットフォーム」は、全国の参加企業にとって「ポスト・新型コロナ時代」を生き抜くうえで、必ずや大きな役割を果たすことができると確信しています。

目次

付録

Appendix

序章　中小企業が地域創生の主役となるために

中小企業が、既存システムを打破する

私は、１９９２年に、父が岐阜県に創業した小さな測量会社に入社しました。

バブル経済崩壊の直後でしたから、経営を続ける中で、日本経済がどんどん厳しくなっていく状況を肌で感じていました。私が住んでいる地域社会・経済でも、少子高齢化に伴う人手不足、道路や水道など公共インフラの老朽化、企業の事業継承者問題など、さまざまな課題が顕在化してきました。公共関連の仕事をしている私の耳にも、仕事が減った、人材が集まらない、街の活気が消えた、事業の展望も開けないなどと嘆く声がしきりに聞こえてきます。

政府は、地域の活力を取り戻すために地方創生（地域活性化）を掲げて、地方に仕事をつくり、若い人を呼び込むことで、豊かな地域社会づくりを目指すとしています。しかし、地方に身を置く者として、活性化につながる何らの実感も湧いてこないのです。とりわけ、これまで地域経済を支えてきた中小企業が疲弊して、若者にとって働く場所としての魅力が乏しくなっているのを懸念しています。

それは、なぜでしょうか。

専門家は、海外生産化など産業構造の変化に伴う地域の「空洞化」、大都市圏への集中による地方の「地盤沈下」が根底にあると盛んに言っています。しかし、私は、わが国の社会・経済システムの制度疲労がすべての元凶であり、そのシワ寄せが地域社会・経済に及んでいるからだと考えます。

確かに、戦後の目覚ましい経済復興と発展は、政・官・財ががっちりとスクラムを組むことで実現されました。一時期は、「Japan as No.1」と世界から賞賛されたこともあります。しかし、21世紀に至っても日本経済が長いトンネルの中にある状況に対して、国際ジャーナリストのカレル・ヴァン・ウォルフレン氏は著書『人間を幸福にしない日本というシステム』（毎日新聞社）の中で、日本式の政・官・財一体のシステムの問題点を指摘しています。私自身も、長期にわたって政・官・財一体システムが維持されたことで、「既得権」

を持つ者と持たざる者の間に格差が生じ、持たざる者が「既得権」に挑戦しようとすると大きな「壁」となってはね返されるということを何度も経験しました。

こうした閉鎖的なシステムを打破できるのは、中小企業しかありません。「既得権」を肯定し、その弊害を自覚していない政・官・財に、思い切った改革を行うエネルギーがあるとは思えません。仮に改革をしようと思っても、組織が大きいゆえに時間もコストもかかり、改革に伴う痛みを引き受ける責任の所在さえあいまいなままでは、十分な効果を得ることは期待できないでしょう。

一方、中小企業の多くは、オーナーたる経営者が全責任を負って事業を行っています。目の前に硬直したシステムの「壁」があろうと、社員や家族の生活に全責任を持つ経営者は、生き残っていくためにシステムに立ち向かっていかねばなりません。その挑戦こそが、既存システムの再構築を促し、真の地域創生につながると考えています。

「地域企業支援プラットフォーム」のもとで地域創生を

元請け―下請け―孫請けの構造の底辺に置かれてきた中小企業に多くの課題があるのは事実です。高度経済成長期はそれでも何とか生きていくことができました。しかし、バブル経済崩壊後、大企業は中小企業にさらなる過酷な要求を突きつけ、切り捨てさえいとわなくなっています。私が関わっている公共関連の事業でも、下請けに対する元請けの締め付けが一段と強まっていて、それに耐えられない中小企業の破綻が相次いでいます。

問題は、現状に安住して何も行動しない「茹でガエル」のような中小企業の存在です。「既得権」の末端にしがみついて新規参入者を退け、なすべき経営改革・投資をなおざりにしてきた結果、生産性が著しく低下した中小企業が数知れずあります。誰しも大きな変化は望まないものです。まして、業績がそれなりに安定していれば無理をしてまで変革に取り組む気にはならないでしょう。しかし、十年一日のように仕事をしていれば、いつの間にか生産性が低下して競争力を失っているということになりかねません。会社は、社会や経済の変化に合わせて常に手を打たなければ生き残ることはできないのです。

私が代表を務めるメイホーグループは、建設関連業を核として、従業員が職を失うことが決してないよう、永続的発展的な会社を目標に据えて経営改革を加速させ、生産性を高めてきました。建設関連業は測量業、地質調査業、設計業（土木と建築に分けられますが、ここでは土木工事の設計を業とする建設コンサルタント）および補償コンサルタントに分類され、これらの業を行う者を建設関連業者と総称しています。

メイホーグループでは、建設関連業の枠を超えて地域創生に貢献したいと思い、公共性の高い事業領域にチャレンジしてきました。しかし、そのたびに、「既得権」で固められた「壁」が立ちふさがってきました。その「壁」にひるむことなくチャレンジを続けることで、今では人材ビジネス、建設業、介護事業へと事業分野を広げ、地域の公共サービスに貢献する「地域のサポーター」企業グループとして、岐阜県内にとどまらず他県に事業エリアを拡大しています。

今後も、メイホーグループは、公共分野を主たる事業領域として、企業ネットワークをつくり続けるとともに、M&A（合併・買収）などを積極的に活用しながらグループを強化していきます。そして、グループ各社が生産性を高め安定した経営を行うことで、それぞれが地域になくてはならない会社になるよう努めていきます。しかし、究極の目標である地域創生に貢献するには、一企業グループでできることには限りがあります。

私が考えているのは、メイホーグループのチャレンジに共感いただく中小企業経営者と連携する場として「地域企業支援プラットフォーム」を立ち上げ、共に学び、共に仕事を進めることを通じて、「地域創生」の先導役となる中小企業によるネットワークを全国に広げたいということです。

私は、常に10年先を見て経営ビジョンを描いています。そして、10年先の目標を実現するには5年先はどこまでできていなければならないか、3年先はどうか、今は何をしなければならないかと逆算して行動しています。

今から10年先の２０３０年には、「地域企業支援プラットフォーム」に集う全国の中小企業が「点」から「面」となることで、地域創生につながる新たなシステムを提案できると信じています。

1

「公共性」のある企業が地域を担う

「公」と「私」をつなぐのは、「公共性」のある企業

地域社会の活性化は、地域の政治、行政、企業がスクラムを組んで取り組むべき大きなテーマです。

わが国は、明治維新以前から「お上」、つまり「公」主導の社会であったことから、今日に至っても、「お上」の意向に対して「長いものに巻かれろ」式に受け身になりがちです。いまだに自分を犠牲にしてでも「公」に仕える「滅私奉公」なる言葉も残っています。まして、産業構造の底辺にある中小企業においては、「お上」に逆らっては生きていけないと思い込んでいる経営者が少なくないと思います。

日本語の「公（おおやけ）」「私（わたくし）」は、英語の「Public（広く人々のこと）」「Private（個人的なこと）」とは異なります。「公（おおやけ）」は、大きな建物＝役所から転じて、「公儀（幕府）」「公方（将軍）」などと「官」と同じ意味で使われてきました。今も、「公」と「私」には明らかな上下関係が見られます。上位にある「公」に従って生きるのはある意味幸せかもしれません。しかし、「公」が正しい道を示すことができなければ、「私」は迷うほかないのです。

もう一つ危惧しているのは、「公」と「私」を対立軸として捉える若い人々が増えていることです。「会社は会社、私は私」、「日本は日本であって、私には関係がない」という考え方です。

より深刻なのは、「日本は日本であって、私には関係がない」という言葉には、「正規・非正規雇用」に象徴される格差社会の中で、将来の夢を描くことのできない若い人の政治や行政に対する絶望や諦めが含まれているような気がすることです。「公」と「私」は、本来は一体でなければなりません。会社でいえば、「会社」と「私（社員）」はどうしたら一体になれるか、決して「滅私奉公」ではなく、自分を活かすことで会社も生きるという方向を目指さなければならないと思います。

地域社会でも、「公（政治・行政）」に対する「私（市民・住民）」の不信や不満が高まっていて、地域の活性化の障害となっているケースが多く見られます。

それらを解消するために重要なのが、乖離している「公」と「私」をつなぐことです。その役割を、私は「公共」と定義しています。「公共性」を持つ企業は、仕事上の役目を越えて、「公」と「私」のつながりを強化する役割が求められます。そのためにも、公共を担う会社は、「私欲」ではなく、人が本来持っている「良知」をもって仕事をしなければなりません。

メイホーグループは、「公」と「私」の間をつなぐ公共性のある企業グループを目指しています。

「共に」を基本とする新たな政・官・財のスクラム

戦後の社会・経済体制を築いてきた政・官・財の人々は、業種ごとに「既得権」を構築し、ヒエラルキーの底辺にある中小企業のことを機械のネジくらいにしか思っていないのかもしれません。中小企業が「モノづくり」や「サービス」において重要な役割を果たしているという現実があるにもかかわらず、中小企業の内部では低賃金・長時間労働が常態化しています。さらに、いったん不景気になれば最初に淘汰されるクッションの役目も担わされています。

本来、政・官・財はあくまで役割の違いであって、よき社会をつくるチームの一員のはずです。「ラグビーワールドカップ２０１９」では、前評判の高くなかった日本代表チームが決勝トーナメントに進出する快挙を成し遂げました。ラグビーというスポーツは、選手の体格・体力に個人差があっても、選手の特性を考慮して最適のポジションに配することで各選手の能力が最大限に発揮されます。そうした総合力によって日本代表チームは体格に勝る対戦チームに勝利を重ねました。それが「One for All, All for One」（一人はみんなのために、みんなは一人のために）の精神です。

「One for All, All for One」は、政・官・財がスクラムを組むうえでも欠かせない基本的な精神です。しかし、政・官には、政治主導、行政主導で戦後復興や高度経済成長を達成してきたという成功体験に基づく自負があります。財（民間企業）の側も、「系列」と称する元請け—下請け—孫請けシステムを確立することで、世界と戦う競争力を生み出してきたと思っているでしょう。

しかし、バブル経済崩壊後、新興国の台頭もあって日本経済の先行きが一挙に怪しくなってきたというのに、既存の政・官・財は、機能不全に陥っている社会・経済システムを直視せず、改革に背を向けたまま有効な手立てを打てないでいます。本当の意味の改革を行うには、硬直したシステムをご破算にして、新たな政・官・財のチームを再構築しなければなりません。

そのとき、重要な役割を担うのが中小企業です。1台の自動車には多種類かつ大量のネジが使われています。それら一つひとつが自動車を支えており、ネジの性能や品質の向上が自動車の性能や安全性の向上に大きく寄与しています。まさに中小企業はそうした存在であり、中小企業の生産性が高まれば、経済・社会を大きく変えることができるはずです。

そのために中小企業は何を目指すべきか。

私は、「ために」から「共に」への発想転換が大切だと思っています。「あなたのために」「お客様のために」とはよく聞きます。しかし、「ために」には、相手にしてあげるという上からの一方通行的な意識が感じられます。これを、「あなたと共に」「お客様と共に」と捉え直すと、相手も自分も共に活かすことができる関係になります。

「共に」を共有して、中小企業が広く連携し、新たな政・官・財システムに主体的に参画していけば、地域創生につながる公共性のある生産的な仕事が広がると思っています。

地域の基幹産業は、公共性のある地元の企業が担う

地域創生を担う産業は、地域に根差し、地元の人を雇用し、地元のための仕事をする公

共性のある地元企業が主役となるべきです。

確かに、東京や大阪に本社がある大工場も地域経済で大きな役割を果たしてきました。しかし、グローバリゼーションの流れの中で、本社の方針一つで、工場が縮小したり海外に移転したりすることがあります。そうなれば、工場に部品や材料を納める地元の協力会社にもダメージが広がって、地域の雇用や経済に甚大な影響をもたらします。工場の撤退によって住民が減れば、税収の減少だけでなく、教育や医療などの市民サービスにも広く影響が及びます。これまでも、産業構造の変化によって、石炭、造船、繊維、製鉄などの事業所が操業停止となったために、火の消えたようになった「企業城下町」がいくつもありました。あるいは、東京や大阪に本部がある大型デパートが閉店したために、駅前や目抜き通りの活気がなくなって、シャッター街になってしまった地方都市も少なくありません。

そうしたリスクを防ぐために、公共性のある地元企業の役割がますます重要になっています。しかし、「モノづくり」は製造コストの低きに流れるのが常で、今後も新興国での海外生産化が進展することでしょう。これに対して、インフラ整備や介護福祉事業などの公共性のあるビジネスは、地元でしか仕事をすることができません。そして、これらの仕事に求められているのは、効率のよい投資で最大効果を生むこと、すなわち生産性の向上です。とかく、公共事業は費用対効果のパフォーマンスの低さが指摘されがちですが、地元の中小企業が生産性を高めることで、費用対効果を大きく向上させることができると思っています。

そのためには、公共事業の生産性向上を阻害しているさまざまなシステムを改善し、現場で汗を流している中小企業に正当に還元されることが必要です。中小企業が正当な利益を確保できれば、社員の待遇改善による人材確保や次なる事業に向けた先行投資が行えるようになり、地域の基幹産業としていっそう大きな役割を果たすことができるようになるのです。

「民活」の主役となるための「地域企業支援プラットフォーム」

最近は、政・官の側でも、民間会社が保有する技術やマンパワーなどの活力を公共事業に導入する「民活」に注目が集まるようになってきました。しかし、「民活」の担い手となっているのは大企業が中心で、域外に本社を持つ企業の支社というケースが多くあります。地元の中小企業は、そうした企業の下請けとなっています。

「民活」において、地元の中小企業が存在感をもって役割を果たすには、大企業にも負けない独自性のある技術・能力を育てるために能動的主体的に取り組む必要があります。

「能動的」とは、自ら他に働きかけることで作用をもたらすことです。「主体的」とは、自分の意志、判断によって行動することです。仕事というものは、能動的主体的に取り組まない限り、大きな成功は期待できないし、充実感や喜びを得ることもできません。

その際、重要なのは、「個」を確立できるか否かということです。自立した「個」として、地域の会社としての役割は何か、政・官をはじめ最終受益者から何を期待されているかを考え、能動的主体的に行動することが肝要です。上からの仕事の指示をただ待っているだけではいけません。必要に応じて政や官に提案・提言をしていく積極的な姿勢を持ってこそ、成果につながると思います。

また、公共事業の「民活」では、仕事を一括して引き受けることができる大企業に発注されることが多いため、地元の中小企業はその下請けに甘んじるほかないというのも事実です。これに対し、私は、特定の分野で高い技術・能力を持つ中小企業を結集することで、総合的なサービスが可能になると考えています。

私が構想している「地域企業支援プラットフォーム」は、そうした総合サービスを提供する基盤ともなるものです。ある地域の公共事業に対し、全国の中小企業の知恵と経験を集めて取り組むことができれば、その成功体験を基本として、別の地域の同様の公共事業に容易に移転することができます。そうした成功例を全国に広げることで、「地域企業支援プラットフォーム」はより大きな存在になっていくことでしょう。

2 地域のサポーターとしての企業グループを目指す

「地域のサポーター」を目指すグループ経営

メイホーグループは、社会資本整備を中心に事業を進め、現在、事業領域は「建設関連業」「人材ビジネス」「建設業」「介護」の4事業に及んでいます。

「メイホーグループ企業理念」（通称グループ理念）は、①ミッション、②バリュー、③ビジョン、④ウェイの4つから構成されています。

①グループミッション（メイホーグループの果たすべき役割、使命）

私たちメイホーグループは
グループに集う仲間と共に
地域社会を支える企業が培ってきた技術や信用を
互いに認め　補完しあい　共に成長することで
永続的発展的な企業を創り
全従業員のしあわせを追求します
同時に　地域の文化伝統を重んじ
企業価値の向上、雇用の創出を通じて
地域社会の発展に貢献します

②グループバリュー（メイホーグループの事業、サービスのコンセプト、提供する価値）

私たちメイホーグループは

地域を支える企業を結び
経営効率化・人材・業務連携をサポートする
企業支援プラットフォームを通じて
〝地域のサポーターとなる企業〟を育成します

③グループビジョン(メイホーグループの将来あるべき姿、中長期的な目標)

私たちメイホーグループは
実業を営む〝地域のサポーター企業〟を結ぶ
全国ネットワークを築き
地域社会を共に支えていきます

④グループウェイ(メイホーグループの行動指針・行動規範)

一．人生二度なし

私たちは自分の一生について真剣に考えます

二．良知を判断基準とする

私たちは心から納得できることを基本に行動します

三．高い山に登る

私たちは現状維持を衰退と考え、上へ上へと登り続けます

四．「ために」から「共に」

私たちは滅私奉公を否定し、しあわせを共創します

五．常に現状を革新する

私たちは一人ひとりが熱意を持ち、自らが中心となって行動します

グループミッション

メイホーグループの果たすべき役割、使命

私たちメイホーグループは
グループに集う仲間と共に
地域社会を支える企業が培ってきた技術や信用を
互いに認め　補完しあい　共に成長することで
永続的発展的な企業を創り
全従業員のしあわせを追求します
同時に　地域の文化伝統を重んじ
企業価値の向上、雇用の創出を通じて
地域社会の発展に貢献します

グループバリュー

メイホーグループの事業、サービスのコンセプト、提供する価値

私たちメイホーグループは
地域を支える企業を結び
経営効率化・人材・業務連携をサポートする
企業支援プラットフォームを通じて
“地域のサポーターとなる企業”を育成します

グループビジョン

メイホーグループの将来あるべき姿、中長期的な目標

私たちメイホーグループは
実業を営む“地域のサポーター企業”を結ぶ
全国ネットワークを築き
地域社会を共に支えていきます

グループウェイ

メイホーグループの行動指針・行動規範

1 人生二度なし
私たちは自分の一生について真剣に考えます

2 良知を判断基準とする
私たちは心から納得できることを基本に行動します

3 高い山に登る
私たちは現状維持を衰退と考え、上へ上へと登り続けます

4 「ために」から「共に」
私たちは滅私奉公を否定し、しあわせを共創します

5 常に現状を革新する
私たちは一人ひとりが熱意を持ち、自らが中心となって行動します

メイホーグループの一覧

4事業のアウトライン

経営企画・管理　株式会社メイホーホールディングス

グループ会社の効率的な運営を実現する為に経営企画ならびに総務、人事、経理、財務等の管理部門を統括します。

建設関連サービス事業　メイホーエンジニアリング グループ

建設コンサルタント

社会の様々なニーズを的確に把握し、社会基盤の整備に取り組みます。道路・河川・橋梁など、様々な分野で高度な技術と経験で、発注者の技術パートナーとしてサポートしています。

最新の測量技術を用いて社会基盤整備を行う上で、もっとも重要な基盤データを高精度で作成します。またGISによる分析・解析を行い様々なニーズに対応した空間情報をご提供します。

補償コンサルタント

法令・法律や建築物に対する幅広い知識で、公共事業等の適切な補償をサポートします。

発注者支援

発注者が日常的に行っている公共事業の計画・発注、工事等に関する業務について、支援・補助を行います。

人材関連サービス事業　メイホーアティーボ グループ

建設技術者派遣

長年培ってきた高い技術力と厚い信頼で、国土交通省や各県市町村から発注される多くの公共工事や大型プロジェクトに数多く携わっています。

アウトソーシング受託、グローバル人材教育

現地オペレーターが、各種図面作成、データ入力・集計、日本品質のPC 作業を担当します。政府公認の送り出し機関メイホーアピワットにて教育・ビザ取得等を支援。日本の技能実習制度を活用できます。

その他　製造業や警備業を通して、雇用創出・労働力確保を行います。

建設事業　メイホーエクステック グループ

建設業

地域密着の建設業者として、官公庁からの公共工事をはじめ、長年培った地域からの信頼に応え、「地域を守る・地域を作る建設会社」としての大切なインフラ整備・維持管理を行います。

法面保護・緑化事業

長年にわたり蓄積した法面保護技術によりインフラ整備を行うと同時に、緑化事業を通じて地球環境の保全を行います。

介護事業　アルトグループ

通所介護(デイサービス)認知症対応型通所介護(認知症対応型デイサービス)
居宅介護支援事業(ケアマネ事業所)

個別対応と選べるサービスで質の高い介護のご提供を目指しています。デイサービスでは、5つのポイント「リハビリの充実」「趣味活動・レク活動の充実」「認知症ケアの充実」「自由度の高いご利用時間設定」「お値打ちな実費負担」でご利用者様をご家族様や多職種と協働しながら在宅生活の継続をお支え致します。

「良知」を基本とする経営

私が経営の基本に置いているのが「良知」です。

「良知」とは、すべての人が本来持っている良心的な心です。人は自らの欲望のままに行動すると後悔が生じます。「あのとき怠けなければよかった」「他人を傷つけることを言わなければよかった」と後悔することが「良知」です。「良知」は自分自身が本当に心の底から納得できる心です。人は誰しも「正しくありたい」と思っていますが、一方で「良知」を曇らせる欲望も心の奥底に秘めています。だからこそ、自分の「良知」に素直になるよう努力することで、「正しきもの」になれるのです。その際、自分だけでなく、周りの人と「共に」生きる姿勢が欠かせません。

そして、「人生二度なし」を認識し、「常に現状を革新」しつつ「高い山に登る」ことで、充実した人生を送ることができます。メイホーグループのメイホーは、「明峰」たらんと父が名付けたものです。目の前の峰は険しくても、それを越えれば明るい未来が開けます。険しい峰を征服したことで自信が生まれ、新たな峰にも怖れず挑戦できます。

そうした行動を積み重ねることで、永続的かつ発展的な企業を創りたいと思っています。

「元請け」にならねばならない

メイホーグループは、父が１９８１年に岐阜市に創業した土木測量設計会社・メイホーエンジニアリング（１９９０年に株式会社化）に始まります。私は、大学卒業後、大手重工業メーカーの研究所に勤務していましたが、「一度きりの人生、自分がどこまでやれるのか試したい」と思い、１９９２年に29歳でメイホーエンジニアリングに入社しました。入社時の社員は7～8名、売上高は1億５０００万円、税引前利益は８００万円でした。

最初に「壁」を実感したのは、私が担当者として発注者支援業務に従事していたときのことです。発注者支援業務とは、国や自治体、旧公団などの発注者を支援するもので、出先事務所に勤務して施工管理や資料作成といった業務に当たります。仕事は、官公庁の外郭団体などを介していただく下請けでした。

このとき感じた下請けならではのもどかしさや悔しさがきっかけとなり、経営を受け継ぐ際に、「下請けに甘んじていては会社の未来はない、いつか元請けになろう」と心に決め、それを社員に伝え、膝を交えて将来について話し合いました。

ところが、「会社を受け継ぐあなたはがんばろうと思って入社したのかもしれないが、私はがんばらないと決めたから、この会社に入社したんだ」と当然のように発言する協力的でない社員が少なからずいたことに当惑しました。当時は、中曽根内閣時代から続く行政改革により発注者支援業務が年々拡大しており、会社はそれなりに業績を伸ばしていました。それゆえ、社員に危機感や変革意識がなかったのは仕方がありません。しかし、今はそれでよくても、不景気になれば仕事が減るのは自明のことです。余力のある今のうちに必要な人材と技術を育てて、利益率が高くプライドを持って働くことのできる元請けを目指すようにしないと、会社の将来はありません。

私は、会社を変えていくには、自らが新しい道を社員に示さなければならないと、強く心に刻みました。

新規参入の「壁」に挑戦する

最初の目標は、国家資格を取ることと、元請け会社がつくる業界団体に加盟することでした。

公共事業については、当時は、受注実績がないと指名競争入札に参加できませんでした。技術面でも国家資格などの客観的な評価の基準がありました。大学で化学を専攻した私は、建設土木分野においては未経験の素人同然です。そこで、難関の技術士（建設）に挑戦し、何とか国家資格を取得することができました。

苦労したのは、業界団体への加盟です。岐阜県の場合、当時、業界団体に入っていることが指名競争入札の現実的な条件となっているように感じていました。このため、業界団体に入ることが必須だと考えたのです。

私は、業界団体に加盟を申し込んだのですが、最初の1年は相手にもされず、黙殺されました。2年目は反対する会員がいるとのことで却下されました。

一度ならず二度までも「壁」にはね返されると、普通なら加盟を諦めるでしょう。下請けに甘んじていても、生きていくことはできるのです。しかし、元請けになるのが第一歩と考えていた私は、粘り強く交渉を続け、ようやく3年目にして入会を許されました。

そして、１９９８年に地方自治体から測量業務を元請受注することに成功しました。これがメイホーグループの新たなスタートになりました。

「暗黙のルール」は無数にあった

地元ではようやく業界に受け入れられましたが、私はそれに満足せず、他県の仕事も積極果敢に取りに行きました。そうすると、他県にはまた別のルールがあって、そのルールに従わないとビジネスができないという「壁」に突き当たりました。地元の業界も同じことですが、他県にも根拠のない「見えざる力」が働いているように感じました。

　そんな経験を積むうちに、私の属する業界だけでなく、あらゆる業界に「暗黙のルール」があるのではないか、それも業界ごと、地域ごとに違う形で存在しているのではないかと強く思うようになりました。これでは自由な競争、自由な仕事は行えない、地域の多くの業者がこなせるような仕事に関しては、元請け―下請け―孫請けにおける中間部分をなくして、直接仕事をする者に発注すれば、公共事業の費用対効果が一気に上がる、そうしない限り公共事業の生産性が上がらないと思っていました。

　序章でご紹介しましたが、ウォルフレン氏の著書を読んだとき、ここを変えないとこの国はよくならないという事例がまさにそれで、「私が思っていたのはこれだ！」と叫んだことを覚えています。

　ウォルフレン氏が指摘する「日本のシステム」の問題をどのように変えていけばいいのか、自分に何ができるのかということを、私なりに考えるようになりました。

返済に38年かかる借金体質を脱するために

当時の私の経営課題は、いかにして経営体質を強化して、次なる成長に必要な人材を育てていくかということでした。元請けの業界団体に入ることができたといっても、仕事の主体は依然として利益の薄い下請け、孫請けです。父の代では、父と経理担当の母が会社を切り盛りし、社員の教育、情報システム導入などの経営コストをほとんどかけていませんでした。これでは生産性が向上するはずはありません。

財務面から見ても、事業資金を銀行からの借り入れに依存しており、借入残が5000万円ほどありました。このような状況にもかかわらず、私は、2000年に新たに1億円を上回る借り入れをして大垣市内に新社屋を建設し、メイホーエンジニアリングの代表取締役に就任しました。業容拡大のために新たな投資が必要と考えたのです。

この投資により、借入残は長短期合わせて2億1000万円に上りました。当時の売上高は5億5000万円、税引前利益1100万円です。計算すると、全額返済するには38年かかります。この借金体質から抜け出すには収益性を高めるしかありません。そのためにどのような経営を進めればいいのかが大きな課題となりました。

稲盛式経営学、陽明学との出合い

私の経営哲学の形成において、大きな影響を受けたのは、京セラ創業者の稲盛和夫氏の著書『稲盛和夫の実践経営塾』（ＰＨＰ研究所）でした。私は稲盛式の経営手法を勉強し、会社の永続的な発展と全社員の幸せにつながる経営を目指すことにしました。

特に会計面では、京セラ会計学を参考にした管理システムをつくり、月次決算を基に当月の運営と次月以降の課題を検討する「経営会議」と、その内容を全社員向けにブレイクダウンする「部門会議」を実践しました。

これらの取り組みもあって、２００３年６月期は売上高５億２０００万円、税引前利益５０００万円であったのに対し、４年後の２００７年６月期は売上高が７億円を超え、税引前利益も念願であった１億円を突破しました。自己資本比率も78％に高まり、借り入れが不要な経営体質になりました。

この時期、人生哲学として「陽明学」に出合ったことも大きな収穫でした。陽明学は、明の時代に王陽明が創始した儒学で、私は「心即理」「致良知」「知行合一」「事上磨練」「万物一体の仁」の５つが企業経営にとってとりわけ重要だと思っています。

以下は、私なりの解釈です。

「心即理」…本来、人間には何が正しいかという「心」が備わっています。すべての人が初めから絶対的に正しい心を持っているのです。ですから、「あの社員はだめだ」と最初から切り捨てるのではなく、社員が持っている正しき「心」に自らが気づきさえすれば、社員は成長し、必ずよくなるのです。

「致良知」…人間は「良知（誰から教えられなくても何が正しいのか、どう行動するのが正しいのかを判断する心）」を持っています。これを思うだけでなく、実行しなければならないということです。ですから、経営者も社員も、心から納得できる行動をすることで幸せになれると考えます。

「知行合一」…「良知に致る」とは本当の自分自身に正直に生きようということです。知っていることと行うことの本体は「良知」です。現実性と本来性がありますが、本来性を大切にし、現実を生きるということです。知っているだけでは知らないのと同じです。

「事上磨錬」…「致良知」、「知行合一」を頭の中の理想論として捉えていては意味がありません。すべての人が自分の仕事、生活の中で「良知に致る」よう精進するのです。

自分の務めを精一杯尽くすことで、特別な修行を行わなくても幸せになることができるといった価値観を社員と共有するのです。

「万物一体の仁」…人も含めて万物は根本が同じであり、自他一体であるとして、社員と経営者、顧客と会社、他社と自社、社会と私、社会と企業など、あらゆるものを分けて考えるのではなく、共同体であると考えることが重要です。誰もが「組織のために」「会社のために」から「組織と共に」「会社と共に」と考えることで、「滅私奉公」ではなく、無理なく働けるようになります。

また、経営を行ううえで、備中松山藩の財政改革を実行した陽明学者の山田方谷、小田原藩の農政改革を行った二宮尊徳を参考にしています。

山田方谷からは、領民（社員）を富ませることが国（会社）を富ませ、活力を産むという哲学を学びました、当社グループミッション中の「永続的発展的な企業を創り、全従業員のしあわせを追求します」と同じ考え方です。山田方谷は「事の外に立ちて事の内に屈せず」という言葉を残していますが、私はこれを「部分最適を目指すのではなく、より高次な全体最適を目指す」と捉えています。また、「義を明らかにして利を計らず」という言葉からも、人として正しいこと、正しい理念をもって経営に当たる姿勢を貫くことが結局は利益につながるものだと思えるようになりました。

二宮尊徳からは、村、村人（会社、社員）を甘やかすような手助けはせず、むしろ負荷をかけることで相手を受け手に閉じ込めないこと、村、村人（会社、社員）が陥っていた権利意識から責任・貢献意識に転換することを助け、村人（社員）一人ひとりが主役として生きることができること、そして、これらを可能にするのは利益であり、まさに二宮尊徳の言葉通り「経済なき道徳は寝言」であるということです。そして、この根底にあるのは村人（社員）一人ひとりへの敬意であることを学びました。

農民階級出身の両者は、まず、小さなレベルで改革の成果を上げ、それを高く評価した藩主の支持を得たうえで、上士階級の権益（既得権）を制限することで大改革を成功に導きました。

つまり、「まず、中小企業レベルで成果を上げて、全体の改革につなげる」という成功例だと思います。もちろん、方谷も尊徳も偉いのですが、彼らを信頼して任せた藩主の覚悟も立派です。今日の政治・経済のトップにこうした人物がいなかったことがバブル経済崩壊後の低迷につながっているとも思います。

このようにして学んだことを自分なりに消化して、自分の会社で実践していくためにまとめたものが、先にご紹介したメイホーグループ企業理念です。企業理念の制定後は、朝礼でグループ会社の全従業員が唱和し、理念を深く理解するための勉強会を続けています。

この結果、自分の仕事に夢が持てずに辞めていく社員が少なくなり、自分の仕事中心に考えがちだった技術系社員も、所属組織や会社全体のことまで考えるようになってきたように感じています。

3 M&Aにより グループを強化する

同業会社を再建し、新たな地域に貢献する

中小企業が地元で安定した経営を継続し、若い人にとって将来性のある魅力的な会社にしていくには、ある程度の事業規模が必要です。きちんと利益を上げていくことで、先行投資を行うことも可能になります。事業をどのように広げるかということが、2000年を迎えた時期の大きな経営テーマでした。

B to Cのコンビニエンスショップチェーンなら、どこにでも自由に新店舗をつくることができますし、それが便利なら地元の人も受け入れてくれます。しかし、当グループが主事業としているB to Bの公共に関わる仕事の場合、新規にエリアを広げることは容易

ではありません。そのエリアにも既存の同業者がいますから、よそ者が割り込んできては困ることになります。

本来、新規参入業者であろうとよい仕事ができるなら、ミッションは達成できます。橋を架けるのなら、安くて丈夫な美しい橋を架けることができる業者に任せればいいのです。しかし、「税金を使うのだから、実態のよくわからない業者には任せられない。間違いが起きたら取り返しがつかない、やはり、長年にわたって実績のある地元業者にしか任せられない」ということでしょうか。それでミッションが達成できればいいのですが、コスト面一つをとってみても、往々にして高くついてしまうことがあります。

何十年にもわたって、役所と業者、発注者と受注者の顔ぶれが変わらないまま、同じ形で延々と仕事を回していることに慣れてしまうと、そこに新しい会社が参入を希望しても容易に受け入れない環境ができてしまいがちです。それが「既得権」の壁です。

私は、そんな閉鎖的な「壁」を前にして、どのように事業を広げていけばいいか悩んでいました。バブル経済崩壊から10年を経て、当時、大企業は事業構造改革の一環として盛んにＭ＆Ａ（合併・買収）を行っていました。Ｍ＆Ａには大きな資金が必要ですから、当初は大企業だからできることだと眺めていたのです。そのうち、中小企業でもＭ＆Ａの成功例があるという話を聞いて、当社もできないものかと考えるようになりました。

そんな矢先の２００７年に、取引銀行から債務超過に陥っている県内他エリアの同業会社のＭ＆Ａを打診されました。そのエリアに新拠点ができれば、県内に事業を広げていく足掛かりになると考えて、この会社を１００％子会社にしました。

しかし、Ｍ＆Ａは思っていたほど簡単ではありませんでした。いざグループ会社化すると、その会社は「地元業者」から「本社が域外の支店業者」に位置付けが変えられてしまいました。今まで多くの実績があったにもかかわらず、「地元業者」ではなくなったという理由で指名競争入札の対象から外され、受注が激減してしまったのです。私はこの会社の会長に就きましたが、その会社の社長、役員、社員はＭ＆Ａ以前のままにしました。誰一人業務を行う社員が変わったわけでもないのに、単に、資本の形態が変わっただけなのに、現実にはそういうことが起きたのです。この結果、もともと債務超過の経営状況にある中で、従来の受注が得られないため事業再建がいっそう厳しくなりました。

それでも私は、Ｍ＆Ａを肯定的に捉えました。仮に、自力でこのエリアに支店を開けば、人材集めを含めて大変な時間とコストがかかります。新規参入業者として、役所や地元の同業会社の「壁」も乗り越えねばなりません。これに対して、課題は少なくないものの、早いスタートを切れることがＭ＆Ａの最大のメリットであると考え、会社の再建に向けて経営改革に取り組みました。

「地域のサポーター」を目指し、全国規模でM&A

最初にM&Aを行った会社の再建を進めていると、その成否を見ていた銀行から相次いでM&A案件が持ち込まれ、2009年までに3件の債務超過会社を引き受けることになりました。それらの会社の再建を通じて、中小企業の生産性を阻害しているものがいっそう明確になってきました。それは、私が属する業界だけの問題でもなく、岐阜県の中小企業の固有の問題でもないということです。全国的かつ普遍的な問題であり、これをよくしなければ、日本はよくならないと痛感しました。

それと同時に考えていたのは、少子高齢化が進んで地域の人口が減っていけば公共事業の市場も縮小する、本業にとどまっているだけでは業績を伸ばすことはできないということでした。そこで、会社の方向として、「公」と「私」の間をつないで公共サービスの充実に貢献する「地域のサポーター事業」を目指すことにしました。

この基本方針のもと、銀行から持ち込まれる受け身の形ではなく、自社の戦略に必要な会社を積極的にM&Aで獲得していくことにしました。

実際に、地域に関わるさまざまな業界において、経営難や人手不足、事業継承者がいないなどの理由で存続が困難になっている中小企業が数多くありました。ひとたび会社がなくなれば、社員の生活が成り立たなくなるばかりか、サービスを利用している地域の人々にも大きな影響が及びます。さらに、優れた技能を持つ人材がいなくなれば、会社が培ってきた技術、ノウハウも消えてしまうでしょう。これは、地域にとって極めて大きな損失です。

Ｍ＆Ａにより、そうした会社の受け皿となり、これまでの3社の再建を通じて得た経験やノウハウを生かして安定した会社に変えることができれば、社員の所得を高め、地域を支える会社として発展できるのです。その延長として、地域の雇用を守り、若い人の地元定着につながるだけでなく、地域の人々により質の高い生活につながるサービスを提供することができます。

幸い、当社は国土交通省などの仕事をしていたおかげで現場は全国に広がっており、仕事を通じて培ってきた人のネットワークがありました。中小企業経営者を対象とするセミナー、フォーラムなどの参加を通じて懇意になった全国の経営者との人脈もできていました。そうしたネットワークを生かして、「公」と「私」の間を結ぶ公共分野を基本において、岐阜県にとどまらず県外の会社も対象にしてＭ＆Ａを進めることにしたのです。

こうしてメイホーグループは、２０２０年7月現在、新規に設立したグループ会社を含めて14社に広がりました。事業領域は建設関連業、建設業、人材ビジネス、介護事業、セキュリティにわたり、北は福島県から南は熊本県にまで広がっています。さらに92ページで詳しくご紹介しますが、カンボジアにも連結子会社を設立しています。

4 グループ入りした企業を再建する

「人」を変えず、「心」を変える

私は、Ｍ＆Ａに当たって、「押さえつけ型」ではなく、「パートナー型」の経営を目指しています。その考え方のもと、グループ入りした企業の社長や役員、社員を変えないことを基本にしました。人を変えなくても、「人が本来持っている『良知』にしたがって仕事をすれば、永続的発展的な会社に生まれ変わる」という信念があったからです。経営者や社員が持っているよい「心」を見つけ、それを伸ばしていけば、会社は必ずよくなって成長するのです。

しかし、実際は、課題が山積していました。もちろん、Ｍ＆Ａの前に念入りに調査・検討を行いましたが、グループ会社化してみて初めて明らかになる問題が多々ありました。

多くの場合、Ｍ＆Ａの対象会社の社長は私の父の世代であり、業界団体の大先輩でもありました。業界の慣習にどっぷりと浸ってきたゆえに、新しい考えをなかなか受け入れることが難しいのです。そこで、私は居酒屋などでお酒を酌み交わしながら、陽明学でいう「心即理」「致良知」「知行合一」「事上磨錬」「万物一体の仁」に基づく経営改革について粘り強く話しました。社長にしても、長年にわたり手塩にかけてきた会社を立て直したいと思っています。会社をよくしたいという思いは同じです。こちらが提案することを何とか理解していただき、改善に取り組んでもらいました。その結果、少しでもよい兆しが見えてくると、社長も社員も自信が戻り、明るくなってくるのです。

特に、私が重視したのが財務の改革です。かつて私は、経営の素人として父の会社を引き継ぎましたが、会計・経理・財務を最優先にして取り組んできました。

一般に中小企業は、売上、経費の定義があいまいなことが多いと思います。極論すれば、決算書は1年の経営が終わった後で自分がつくるものと考えている経営者が存在すると思っています。

しかし、本来は発生主義で、金銭のやり取りの有無に関係なく取引が発生した時点で費用と収益を計上するのが原則だと思います。発生主義ですから、売上の収入や費用の支出額が確定した時点の日付で帳簿をつけます。つまり、本来、経営者が意図的に収入や経費の発生日を操作できるはずがないのです。しかし、現実には月次できちんと会計を行っている中小企業はほとんどないというのが私の今までの感覚です。月次で売上と利益が正確に出せない状態で経営の改善と言ってもまったく意味がありません。Ｍ＆Ａによりご縁をいただいた会社は、まず初めに正確な決算処理をすることができるようにします。

その次に、毎年の年間支出額だけがイメージできていて、それを超えられる受注があるかどうかだけを見てきたような社長に、西郷隆盛の「その大体を申さば入るを量りて出ずるを制するほか更に術数なし」（『南洲翁遺訓』第十四条より）を引用して、収入を計算して支出を制御するという基本を守る以外の術策はないことを理解していただきます。

受注量だけを見て、今年は儲かっているか厳しいかなどとあいまいに考えている中小企業の経営者がたくさんいます。そうした会社が当グループに入ると、他のグループ会社と同じように毎月の決算を翌月の4営業日目には出さなければなりません。そして、毎月10日前後に行われる経営会議で、前月までの進捗率はどうか、当月、来月の見込みはどうか、目標に届かないならばどのような対策を講じるのかと答えが出るまで議論をします。

そうした習慣のなかったグループ入りした会社の社長にとっては、大変なハードルです。もちろん、いきなり実行は難しいので、まず経営計画を立てること、次に経営計画の達成に必要な施策を考えることなどと段階的に進めていきます。しかし、何とか経営計画ができても、今度は計画目標と実績が乖離してしまいます。何が原因で何を改善すればいいのか、ＰＤＣＡＡ（当グループでは「ＰＤＣＡ」に「承認のＡ」を加えて「ＰＤＣＡＡ」と呼んでいます。99ページ参照）を回していくうちに生産性が高まって目標を達成できるようになります。その段階に至れば、会社の再建は大きく前進します。

当グループは月次で連結決算を出しています。連結対象のグループ会社が4営業日目までに正確な決算を出さないと、正しい月次連結決算をつくることはできません。我々のような中小企業でこのような月次決算を出している会社はほとんどないでしょう。

私は、大企業では当たり前に行っている月次決算をすべての中小企業ができるようになれば、中小企業の生産性が大きく向上し、強い会社になれると考えています。

節税がよいことだと思っていませんか？

中小企業の経営で最も改善すべきことは、「税金対策」です。

苦労して稼いだお金だから、できるだけ税金に取られたくないという気持ちはわかります。だからといって、期末に不必要なものを購入して利益を圧縮するというのは最悪です。

会社にお金を残そうと思うのなら、税金を払う以外に方法はありません。

それは、中小企業の経営者だけのせいではありません。取引銀行や税理士が協力する形で成り立っているのです。会社がきちんと税金を納め、内部留保を厚くして無借金経営になれば、銀行の出る幕はなくなります。そこで、銀行は「社長はやり手ですね」などとおだてて新たな借金を勧めようとします。税理士も「せっかく汗水垂らして稼いだお金を税金に取られるのはもったいないから節税しましょう。私に任せてください」と言います。そういう形で長年やってきた節税対策から抜け出せていないし、抜け出そうとも思っていないのです。

考えてみれば、私が引き継ぐ前のメイホーエンジニアリングも、中小企業の古い体質そのものでした。会社の売上が1億円の頃の税引前利益が１０００万円、売上が3億円になっても税引前利益は１０００万円でした。これが不思議で仕方がなかったので、経理を担当していた母に聞くと、企業とはそういうものだから利益は１０００万円程度に抑えておけばいいと平然と言います。だから、利益はずっと横ばいだったのです。とにかく、すべては節税ありきでした。もちろん、税理士は知恵を絞って合法の範囲内で節税に協力してくれます。しかし、それでは中小企業の内部留保が厚くなるわけがなく、経営もよくなりません。

私がM&Aを行ったいくつかの債務超過の会社もかつては利益を出していました。経営状態が良好なときに、きちんと納税することよりも節税対策をするばかりで内部留保を心がけてこなかったから、いざ、厳しい経営状況に至ってキャッシュがなくなって債務超過に陥り、銀行の支援も受けられなくなってしまったのです。

私の経営はシンプルです。売上を最大になるように上げ、経費を最小になるように削り、最大の利益を求めます。その利益にかかってくる税金は必要経費と考え、企業が一番簡単にできるCSR（企業の社会貢献）として喜んで税金を納めるというものです。これを続けていけば、必ず内部留保が厚くなっていきます。そのお金を原資として社員の給与を上げる、会社の発展に必要な投資をしていく、それだけの話です。この方法以外に会社にはお金を貯める手段はありません。きっちりと腹をくくらないといけません。

確かに商売で利益を上げていくのは大変なことです。その苦労も知らないで、国は懐手で利益の三分の一を持っていってしまうという悔しい思いがあります。だからこそ、少しでも税金を減らしたいという心理が働くのは理解できますが、税金を払うことを受け入れない限り、中小企業の発展はないということを自ら実践してみて肌で実感しました。

全国の中小企業の経営者が同じように節税対策に走っているとすれば、その考え方の根本を変えないことには中小企業がよくならないし、この国もよくならないという結論に至ったのです。

私が再建に当たった会社がそうだったように、中小企業が節税に明け暮れていれば、外部環境が悪化した時に対応する余力がないため、一気に倒産の危機につながりかねません。今回のコロナ禍により1カ月や2カ月で運転資金が尽きてしまうような経営こそ問題なのです。正当に税金を納めて内部留保を厚くすることで、厳しい経営環境に対する備えになり、将来に向けた先行投資や生産性向上のための設備投資がタイミングよく実施できるようにもなります。それでこそ、永続的発展的な会社に生まれ変わることができるのです。

「人治」から「法治」に変えていく

財務・経理改革に続くのが、人事・労務改革です。

中小企業では、何事も社長の「鶴の一声」で決まることが往々にしてあります。社長が「黒」と言えば「黒」です。まさに「裸の王様」であり「殿様ルール」です。殿様の社長の価値観だけですべてが動いていくのです。

規則自体がない、またはあったとしても有名無実化していることが少なくありません。たまたま社長が「そんな規則にこだわらずに、私の言うようにやればいい」と言うと、その瞬間にそれが規則になってしまいます。しかも、社長は思いつきで言っただけで覚えていないことも多いので、朝令暮改が日常茶飯事です。もしも、社長が考え違いをしていたなら、会社全体がどんどん悪い方向に進んでしまうでしょう。これは大変危険です。何が正しくて何が正しくないか社員が自分の頭で考えたうえで、それぞれが納得する形で行動しなければなりません。会社にきちんとした行動規範があれば、社長が思いつきで命じても反論することができます。たとえ総理大臣であろうと憲法が優先されるのは当然です。

いわば、社長自身が憲法だという「人治」から、明文化された規程が憲法であるという「法治」に変えていく必要があります。

私の経験では、社長が景気よく大盤振る舞いしている会社に限って、「人治」で動いています。社長の一存で「大入り袋」が振る舞われることはあっても、残業代の支払いが法律どおりされていない会社もあるのです。

就業規則一つをとっても、同業他社から借りてきたものをそのまま写して使っている会社がありました。当然、自社の業務に照らして修正することもなく、きちんと運用もなされていませんでした。それはまだよいほうで、就業規則に「給与については賃金規程に定める」という記述があるものの、賃金規程がないといったレベルの会社もありました。

給与にいろいろな名目の「手当」を乗せている会社もありました。最も豪快だったのは、どの手当にも当てはまらない何にでも使える「手当」という名の手当があったことです。その理由を社長に聞いたところ、その手当がいつから始まったのか、どんな理由からかということさえ不明でした。大昔に先代社長が「適当に付けておけ」といって生まれた手当のようでした。

大企業にも「手当」はあります。例えば、「住宅手当」は、企業が社員の生活に配慮し、住宅費用を支給する手当で、企業が賃貸物件の家賃の一部を負担することや、社員の持ち家の住宅ローン返済を補助することを目的としています。また、北海道などの寒冷地は暖房費がかさむので「寒冷地手当」を支給する企業もあるようです。物価上昇がすさまじかった高度経済成長期には、給与の目減り分を補う手当もあったようです。そうした「手当」は、時代や社会が変わる中で見直されてきました。住宅費用が必要ない社員が増えれば「住宅手当」は実情に合わなくなるし、北海道に「暖房手当」があるなら沖縄にも「冷房手当」がないと不公平になるわけです。そうした検討がなされないままに、今となっては合理性に欠ける「手当」がまかり通っているのです。こうした旧弊を整理し、「法治」にしていくことも改革の一つです。

ただし、大企業なら役員会で決めたことを全社に示達すれば一気に浸透しますが、中小企業では、必ずといっていいほど従わない社員が出てきます。不平を言う人を大切にし、しっかりと話し合いを持ち、相手に心から納得してもらわなければ改革は進みません。

社員の夢に応えてモチベーションを高める

そこで必要になるのは、経営者と社員の双方の意識改革です。

M&A後に社員に率直な意見を聞くと、「会社や経営者は潤っているかもしれないけど、自分たちは大した給与をもらっていない」と思っている人が多くいました。ある社員などは、「私は毎月100万円の仕事をしているのに給料は50万円しかない、残りの50万円は会社の利益に取られている」と不満を言います。その50万円で経営者の給料だけでなく、営業部門や管理部門の社員の給料、経費などの販管費が賄われていることに考えが及びません。そういう意識ですから、債務超過になったというのに「見えないお金がどこかにプールされている」と極論する社員さえいました。

社員はどこかで会社は儲かっていると思うものです。そのような漠然とした認識しかないため、急に会社が債務超過だと言われると、「給料は出るのだろうか」「倒産したらどうしよう」と自分の心配ばかりが先に立ち、会社の再建のために頑張ろうという意欲が湧いてこないのです。会社がM&Aされ、新しく親会社になったところから会長、つまり私が来ても、クビにならないだろうかと心配するばかりで、私が説明する再建方針を聞いていても上の空という感じでした。

私がメイホーエンジニアリングを引き継いだときは、会社は赤字ではなかったものの将来が安泰というわけでもなく、特に古い社員からは、若い未経験の社長に変わって大丈夫だろうかという不安がひしひしと伝わってきました。私は、何よりも大切なのはコミュニケーションだと考え、彼らの不安を取り除くために社員一人ひとりと向き合って、「人生二度なし、高い山に登ろう」「そのために共に取り組みましょう」などと目指すべき夢を語ってきました。さらに、会社の経営状態をガラス張りにして全社員で共有できるようにするといった施策を導入することで、会社や私に対する不信を解消しつつ、社員のモチベーションを高めていきました。

グループ入りした会社でも同じように取り組みました。社員が本来持っている「良知」に気づいて自分の心に沿って取り組めば自分の幸せにつながるということを理解していただきました。

その際、私が気をつけたのは、「小事にとらわれない」「社員が育つことを楽しむ」という気持ちで臨むことです。社員に対して、「ここがだめだ」「そのやり方は通用しない」などと頭ごなしに責めるばかりでは委縮してしまいます。私は、社員それぞれのよい点を見つけてそれを生かしていく道を考えてもらうことに力を注ぎました。よい仕事を成し遂げて社員の表情に達成感が現れるのを見ると、私の喜びは大きなものとなりました。ときには、社員に突き放すような言葉を掛けることもありますが、口では厳しいことを言っても、一人の人間として社員を突き放したことは一度もありません。

社員第一とする「経営のこころ」

私は、M&Aでグループ入りした会社の社長には、必ず「会社は誰のためにありますか」と質問することにしています。

ある介護会社の社長は、「ご利用者様のためにあります」と答えました。介護事業はとりわけ公共性が高い仕事であるうえ、社長はもともと看護師でした。崇高な職業意識がありますから、自己犠牲を払ってでもご利用者様のために尽くしたいという思いが強くあります。しかし、それは看護師あるいはケアマネージャーとしては大事な心掛けですが、経営者としては不十分です。

「その考えは間違っています。『ご利用者様のために』を最優先にすると、社員に身を粉にして働く『滅私奉公』を強いることになります」と指摘すると、介護業界ではたびたび講師に招かれるほど優秀で真面目なその方は悩んでしまいました。

自分の仕事に誇りを持ち、強い使命感を持っておられる人に限って、固定観念に縛られてしまいがちです。このグループ会社の社長だけでなく、介護業界全体にそうした固定観念に縛られて『滅私奉公』を強いる考え方が広がっていますから、もともと志が高かったにもかかわらず、『滅私奉公』のプレッシャーに耐えられずに辞めていく若い人が後を絶ちません。こうした考え方が根底にある限り、少しぐらい待遇を改善しても社員の定着率は上がらないし、外から見てもわかるほどの業界の厳しさゆえ新しい人も入ってきません。その結果、社員の生産性がどんどん落ちていって、サービスも低下し、最終的に事業収益も上がらなくなってくるのです。つまり、現状のままではビジネスとして限界にきていると思っています。

私は、この会社の社長に「まず社員の働く環境をよくして、きちんと処遇するようにしてください。その原資をつくるためにしっかりと利益を確保できるように会社の経営を改善していきましょう」とお話ししました。

どのように経営を変えていくかという指針が、巻末に掲載しているメイホーグループ「フィロソフィーブック」の「経営のこころ」の9項目です。具体的には「値決めは経営」を肝に銘じてきちんとした利益を出せるサービス価格を設定し、「恥ずかしがらずに利益を追求する」ことがポイントです。さらに、「社員第一主義」を前提に、「実力主義」のもと若い人を長にして組織を活性化する、社員が全力を尽くした「失敗を評価する」、職種によってスタッフ間が没交渉にならないよう「根っこのつながったつきあいをする」ことで、社内の「ベクトルを合わせる」。そして、社長として「入るを計って出ずるを制する」とともに、必要なことには思い切って「生き金を使う」ことに取り組んでいただきました。

これらの施策により働く環境が改善され、社員のモチベーションが高まった結果、ご利用者の満足につながりました。さらに今では、会社に魅力を感じて意識の高い社員が入社するようになりつつあります。

公共関連の仕事では、この会社に限らず、公と自分（私）は対等の関係でなければならないのに、「ご利用者様優先」、あるいは「お客様は神様」ということに縛られているうちに、いつの間にか「公」が上で、自分は奉仕する下の立場と思い込んでしまうことになりかねません。これも、ウォルフレン氏が指摘する系列化された日本の産業システムの根本的な問題に起因していると思います。

廃業予定企業の廃業理由

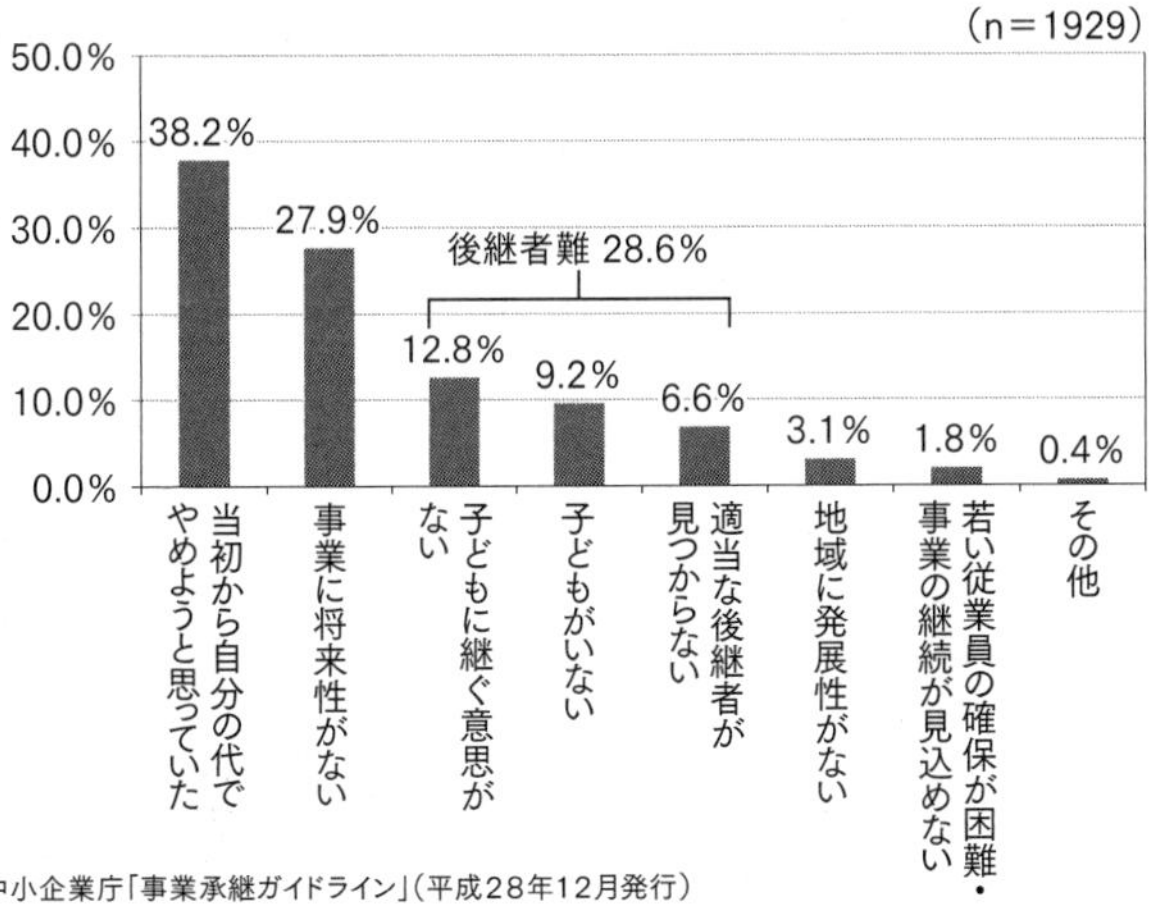

出典：中小企業庁「事業承継ガイドライン」（平成28年12月発行）

事業承継の受け皿になる

中小企業では、事業継承者問題が大きな課題になっています。当グループにおいても、後継者難を理由にグループ入りした会社も少なくありません。

ある公共系の会社は、祖父が創業し、父が育ててきた事業を三代目が受け継いだ会社でした。近年は、地域経済の地盤沈下・人口減などによりマーケットは縮小しつつあり、将来性が期待できないという事情で人材が集まりません。三代目社長としては、小さい頃から自分が継ぐと決めていたのですが、事業の先行きが不安で仕方がない。しかも、長年にわたり同族経営だったこともあって会社の株が親族間に分散しており、経営のイニシアティブがとれないという悩みもありました。

縁あって、その会社のM&Aを行うことになったとき、思い切った改革を迅速かつ大胆に行うために、会社の株を100％取得することを条件にしました。この条件は、この会社に限らず、当グループがM&Aを行う際の基本ルールとなっています。

そのうえで、前述したとおり、M&A後は経営者も社員もそのまま。人や体制を変えることなく新たにスタートを切っていただくことにしています。当グループがその会社の事業内容や市場環境などを1から勉強して直接経営を行うより、当グループのプラットフォームを使って課題解決につながるサポートを行いつつ、その会社の経営者や社員の生産性を高め、能動的主体的に頑張っていただくほうが効率的だからです。

それまで孤立無援の状況で困っておられた三代目社長は、当グループの支援を得て「急に楽になった」と言っています。もともと、商売について祖父や父の背中を見て育ってきましたから蓄積はありますし、後顧の憂いなく改革や新事業に取り組めるようになると、仕事がいっそう面白くなってくるのでしょう。

三代目社長が会社の経営に自信と意欲を見せたタイミングで、私は「先を見る」大切さを伝えます。我々の未来は市場環境がよかった祖父や父の時代の延長ではありません。将来のビジョンを描き、それをどうやって実現していくか、永続的発展的な会社になるために、いかに利益をあげていくかという経営計画とその実行を求めます。厳しい経営状況の中で実践していくわけですから、決して楽ではありませんが、当グループの一員だという安心感と緊張感もあって、きちんと責任ある経営を行ってくれています。

こうした事情を抱えている会社は、全国に数多くあると思います。先が見えないのなら、会社を継がないで公務員になったほうが生活は安定するし、家族にも迷惑が及ばないと思って会社をたたむ後継者も多くおられるはずです。

もったいないと思うのは、今は事業が低迷していますが、かつては地域で一番だったという看板・ブランドが生かされていないことです。新規に事業を立ち上げた場合、過去に築いた信用や知名度といった看板を凌駕するのは大変です。

そこに当グループが提唱する「地域企業支援プラットフォーム」の意義があるのです。看板はあっても停滞している会社と、新たな考えのもとで事業を立ち上げたいと考えている人を、プラットフォームで結ばせていただく。一口に改革・改善といっても、設備や情報システム、人材採用には投資が必要ですから10人や20人の規模の会社では厳しいのが現実です。プラットフォームを介して最新の情報システムや専門的なコンサルタントなどを導入することで、会社の改革と新規事業への展開が可能となります。そうした取り組みにおいて、当グループがきちんとサポートすることで、看板はよみがえり、新たな発展が期待できるようになるのです。

5 グループ経営のコーポレートガバナンス、コンプライアンス

「会社は誰のものか」、日本の常識は世界の非常識

最近、企業経営の中でコーポレートガバナンス（企業統治）という言葉が盛んに使われます。コーポレートガバナンスとは、「会社は経営者のものではなく、資本を投下している株主のもの」という考え方のもと、株主の立場から企業経営を管理監視する仕組みのことです。一般に「ガバナンス」と略して呼ばれることもあります。

日本では、バブル経済がはじけた90年代からコーポレートガバナンスが注目されるようになりました。それ以前は、「会社は経営者のものであって、株主は経営者に経営を付託している」という考え方が主流だったからです。例えば、利益の処理一つをとっても、株主

に対して「前例を勘案した一定の配当」さえ行えば、後の使い道は経営者が裁量して投資あるいは内部留保するなど任せられているのが常識でした。

本来、そうした経営をチェックするのが「株主総会」です。経営者は、経営結果と今後の経営計画を株主に報告・提案し、議論を経て株主の承認を得なければなりません。しかし、多くの会社が株主総会に熱心でなく、短時間で済ませる、いわゆる「シャンシャン総会」をよしとしてきました。一昔前には、株主総会で不都合な問題が起きないように、会社側に立って場を仕切る反社会的な「総会屋」のお世話になっている会社もありました。

こうした悪弊が問題になってきたのは、グローバリゼーションの流れの中で、外国の投資家が日本企業の株を保有するようになってきたからです。「会社は株主のもの」と考える外国人株主から、日本型経営の問題点を次々と指摘され、株主本位の経営や経営情報の開示などが求められた結果、国際基準に基づいた企業経営が指向されるようになったのです。具体的には、取締役と執行役の分離、社外取締役の設置、内部監査といった社内ルールの整備などが挙げられます。

コンプライアンス体制イメージ

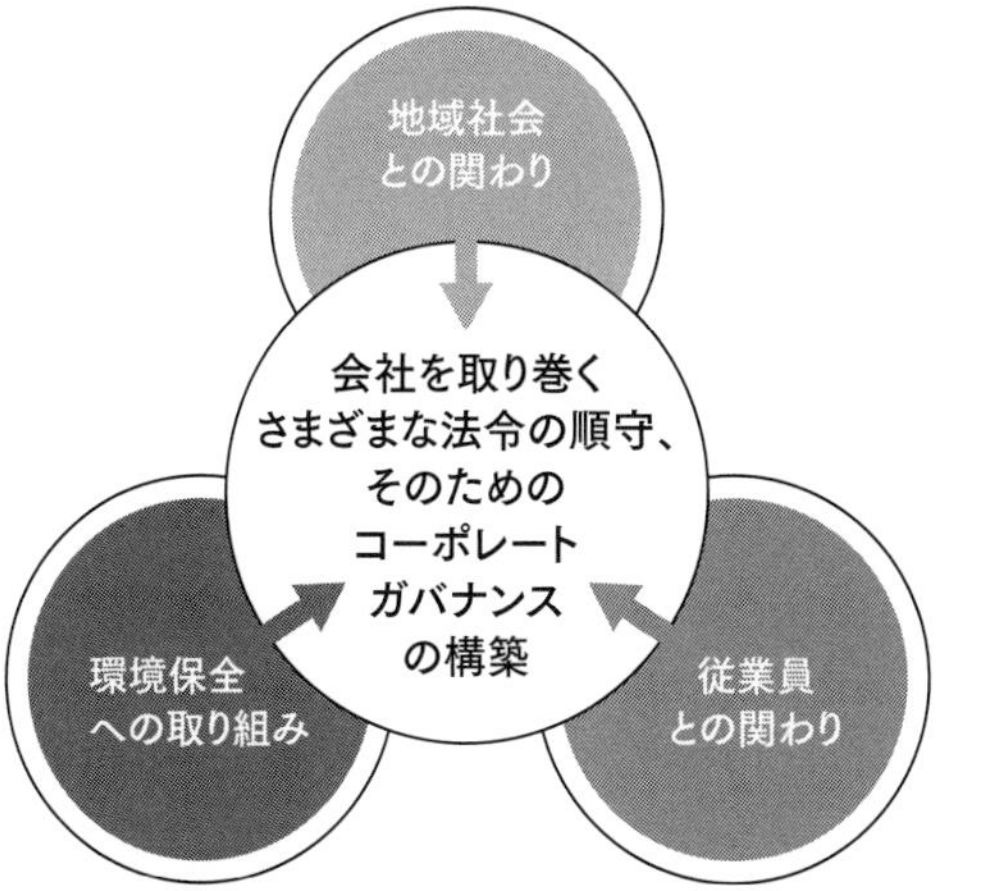

コンプライアンスを重視して、社会的信用を高める

当グループは、コンプライアンス（法令順守）を重視しています。法令や社内ルール、倫理を守り、企業が公正・公平に業務を遂行するのが、コンプライアンスです。会社としてコンプライアンス違反を行えば、大きな社会的制裁が待っています。とりわけ、公共事業に関わる中小企業では、粉飾決算や不正取引などが発覚すると、指名停止などによって瞬時に倒産の危機に直面します。そのため、当グループでは厳格なコンプライアンス体制を整えています。

さらに、倫理面からの従業員教育を重視

しており、たとえコーヒー1杯でも業者さんから饗応を受けない、会社にいただきものがあったら職場で分けるなどといったこまごましたことまで指導しています。大きな不正を防ぐには、蟻の一穴から未然に防ぐことが大切です。

ガバナンスを強化し、コンプライアンスを徹底することは、会社の社会的信用の維持・向上にもなり、信頼の高い会社へと成長していくことにつながります。

当グループでは、内部監査室を設置してルールどおり運用されているかどうか厳格にチェックする体制を構築しています。

■グループ会社にもコンプライアンス意識を浸透させる

M&Aでも、コンプライアンスは特に重視してきた問題です。最初にM&Aを行ったのは同業の会社でしたから、会社の事業の内容や課題などもある程度わかりました。その後、建設業、警備業、介護事業といった異業種にもM&Aの対象を広げていった際は、こちらも業界特有の問題を学びながら、コンプライアンスの定着に留意して取り組みました。

例えば、社会的に問題のある相手、いわゆる「反社」と知らずして仕事を請けるリスクを想定し、自社を守るために内部チェックの仕組みをつくりました。ところが、せっかく仕組みをつくったのに、チェックをしないまま仕事を請け負ったというケースが発覚したのです。それが判明した時点で直ちにチェックをしました。結果的に問題はなかったのですが、このときばかりは、その会社の社長に「もし問題が起きたら、あなただけで対応できますか。こじれたら会長の私が責任を持つことになります。私と同じ覚悟を持って仕事をしていただかないとグループ全体が社会に受け入れられなくなります」と強く伝えました。その後、その会社は内部チェックを徹底するようになりました。

中小企業には、いろいろなしがらみがあるのは事実です。その中で法令に触れるような付き合いも出てくるかもしれません。よくない付き合いをなくすには、全社が一体となって、しがらみを断ち切る覚悟が必要です。そのためには社長をはじめ営業スタッフととことん話し合うことが問題解決の近道になるのです。

もちろん、地域の一員という部分での付き合いは尊重しなければなりません。ある会社は歴史も古く地域で一番の建設会社です。地元の由緒あるお祭りでは、相応の寄付を頼まれます。社長は当然のごとく例年と同様に寄付をしたいと言ってきました。地元の名士として期待に応えることは、地域の信頼を得るために大切です。地元に好かれれば仕事がしやすくなるし、よい人材を得ることができます。

しかし、私が問題だと感じていたのは、寄付を当然と考えていたことです。そこで、お祭りの賛助金をよい機会として、「何事も前例どおりにやるのではなく、必要性を見直してください」と話しました。伝えたかったのは、ただ慣習的に続けている付き合いの内容を見直して、よいこと悪いことを整理して、実の伴うよき付き合いをすることの重要性でした。

私は、たまたま慣習的なことを経験しないで業界に入り、暗黙のルールや慣習の枠を超えて仕事をしたため、業界内で憎まれたものの悪しき慣習に染まらずに済みました。

しかし、それは例外的なことで、中小企業は法令順守の意識が低いと見られがちです。法令よりも官と民、業者同士の暗黙のルールが優先されていると思われています。表向きはともかく、本音と建て前を使い分けて暗黙のルールを温存させてきた慣習も多々あります。経営者だけではありません。若い営業スタッフも入社してからそうした慣習の中で仕事をするうちに、いつの間にか染まっていくのです。

そのため、メイホーグループのコンプライアンス規程を強化するとともに、グループ入りした会社にはコンプライアンス委員会に参加いただき、全員を対象にコンプライアンス教育を実施しています。

法令順守よりも業界の暗黙のルールを優先することは、自由な競争を妨げることになり、税金の無駄遣いや中小企業の活力を低下させていることに気づかなければならないし、それを是正しない限り中小企業の生産性は高まらないと思っています。

6 グループ経営は「竹箒の柄」

「竹箒の柄」を握って経営をする

私は、中小企業はいわば「竹箒」のようなものだと考えています。細い竹の枝（社員）を束ねた柄を経営者が握っているというシンプルな構造です。先端の社員が行ういろいろな仕事に対し、柄を握っている経営者が仕事の全責任を負う仕組みになっています。大企業は、所帯が大きいうえに組織が複雑化しているために、経営者は実績である数字は見ていても、社員一人ひとりの行動までは把握できないでしょう。行政も、組織が複雑で権限が分散しているので、大企業同様に首長が舵取りをするのは簡単にはいきません。唯一、トップが先頭に立って組織や業務内容を変えていけるのは、「竹箒の柄」を握って経営の全責任

竹箒の構造

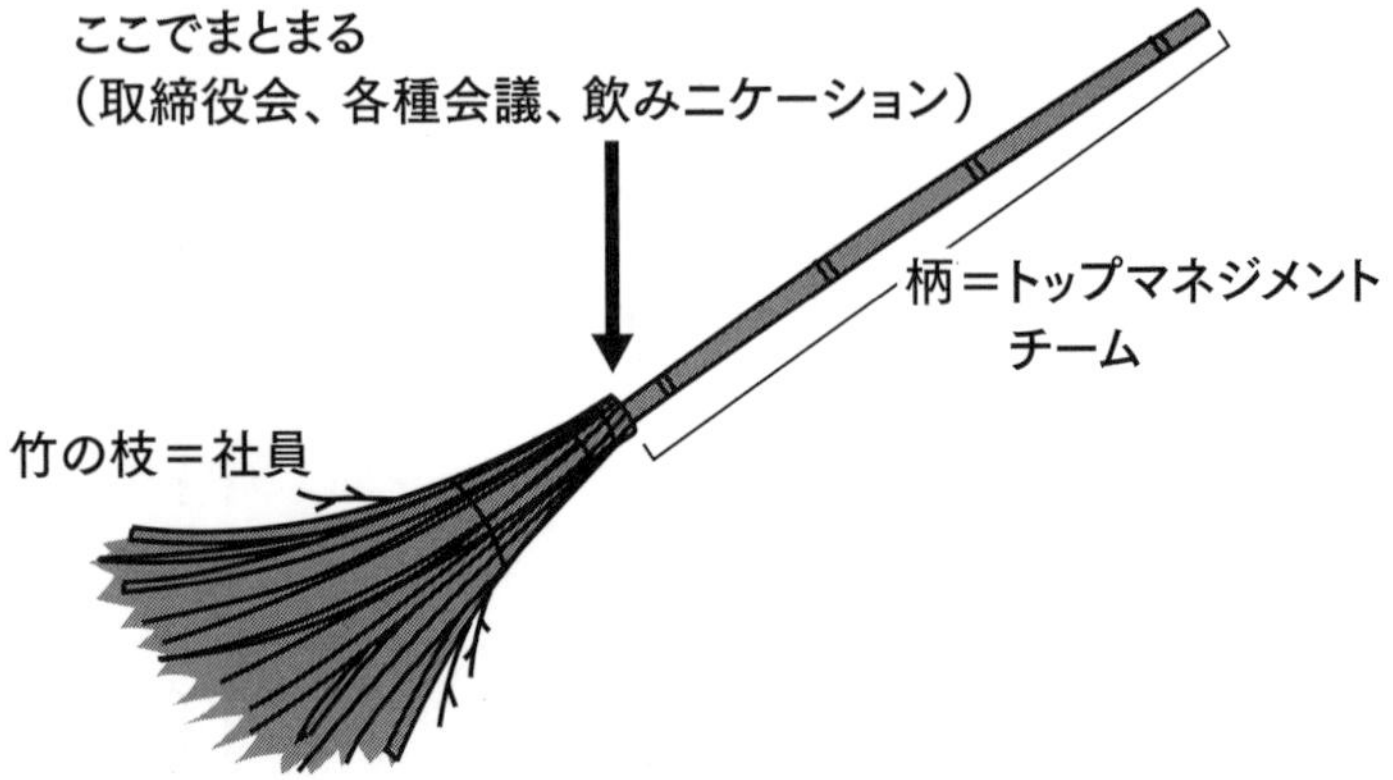

を負っている中小企業の経営者です。つまり、中小企業経営者が正しい意識を持つことが、この国を変える一番の早道だと思います。

　私が考えるグループ経営も、大企業にありがちな大組織の運営ではなく、あくまでも中小企業経営の「竹箒」を発展させた形態です。竹箒の先端のグループ会社がそれぞれ事業を行うのに対し、経営者は柄の部分できちんと把握し、グループ経営をコントロールしていく構造です。

全国３００社にグループを広げる

メイホーグループは、グループ経営に向けて大きく移行しつつあります。

当グループは全国14社に広がり、社員数もグループ全体で約８００人にまで増やすことができました。しかし、事業規模によるスケールメリットを出していくには、あまりにも小さすぎます。

私は、当面の目標として「全国３００社構想」を描いています。現状の20倍に拡大するというと、大風呂敷を広げるように思われるかもしれませんが、47都道府県で割れば1県当たり6社にすぎません。当グループの現在の事業領域は、「建設関連業」「人材ビジネス」「建設業」「介護」の４セグメントですから、各セグメントにおいて県ごとに1社か2社を設立するか、Ｍ＆Ａを行えば達成できる目標です。しかも、地域を支えている事業領域はこの４セグメント以外にもまだまだあります。

私は、10余年にわたってＭ＆Ａを進めてきた経験から、人材不足、事業継承者問題、事業環境の低迷などの理由で、存続が厳しくなっている中小企業が思っていた以上にあることを知りました。リーマンショックや、東日本大震災をはじめとする自然災害の影響からなかなか立ち直れない会社や、地方経済の地盤沈下によって市場が縮小したために将来の展望が開けない会社も数多くあります。その中には、地域社会で立派に役割を果たしてきた会社や、地元で絶大な信用度と知名度を持った会社も含まれています。

こうした会社がこのまま消えていくのは、大きな社会的損失だと思うのです。それぞれの会社が抱えている経営課題を解決することができれば、十分に存続は可能であるし、これまで以上に地域で大きな役割を果たすことができるはずです。私は、M&Aによりさまざまな問題を抱えている会社に対し、問題解決をサポートし、これまで以上に「地域のサポーター」として大きな役割を果たす会社になっていただきたいと願っています。

■「地域企業支援プラットフォーム」構想

私は、自社グループの目標として「300社」を掲げていますが、それを核として、さらなる裾野を持つ「地域企業支援プラットフォーム」を構想しています。

私たちは「地域のサポーター」です。この「地域のサポーター」という基本的な価値観に共感いただける全国の企業に「地域企業支援プラットフォーム」に参加いただきたいと思っています。そして、パートナーとして、プラットフォームに参加する会社と共に成長を目指していきたいと考えています。

例えば、後継者がいない会社、将来不安のある会社は資本提携により、当グループに加わって経営体制を一新し、一方で、法務、経理・財務、情報システム、教育・研修など特定の部門や機能を強化することが一つの選択肢になります。

要は、全国の「地域のサポーター」企業がプラットフォームに集まることで、大企業にも負けない力を持てるようにしたい、プラットフォームという後ろ盾を持つことでそれぞれの企業がいっそう地域に貢献できるようにしたいということです。

対象は、地域に必要とされる雇用を支える企業すべて

「地域企業支援プラットフォーム」のネットワーク先企業は、基本的に、地域に必要とされ、地域の雇用を支えている企業であれば全産業が対象です。

また、概念図には地域の概念が入っていませんが、プラットフォーム上では生業別のカテゴリーと地域別カテゴリーを設定して、両者のマトリックスのもとで緊密な連携が図れるようにしていく方針です。

そして、当グループが率先して、「地域のサポーター」「地域企業支援プラットフォーム」

という概念をさまざまな媒体を通じて発信し、サービスを享受する地域の機関や人々の理解を深めつつ、プラットフォームへの参加企業を募っていくことにしています。

「地域企業支援プラットフォーム」の事業モデル

「地域企業支援プラットフォーム」において即効性が期待できるのは、「経営効率化」のための総務・人事・経理・財務などの業務に対するサポートです。

具体的には、プラットフォームに集まることで生まれる規模のメリットを生かして、有為な人材を確保する、新事業に必要な技術者を獲得する、あるいは、個別企業では導入が難しい情報システムの使用環境を得る、経理・財務などに関して専門的な指導・アドバイスを受けるといったことが可能になります。

さらに、プラットフォームの参加企業同士の交流を深めることで、それぞれの会社が有するヒト（技術者など）、モノ（機械など）、カネ（財務面でのさまざまな支援）、情報（営業先など）を補完し合って、新たなビジネスを立ち上げるといった「実業の連携」により、それぞれが成長していけると思っています。

そうした機能を可視化したものが、「地域企業支援プラットフォーム」の事業モデルです。

「地域企業支援プラットフォーム」の「事業モデル」

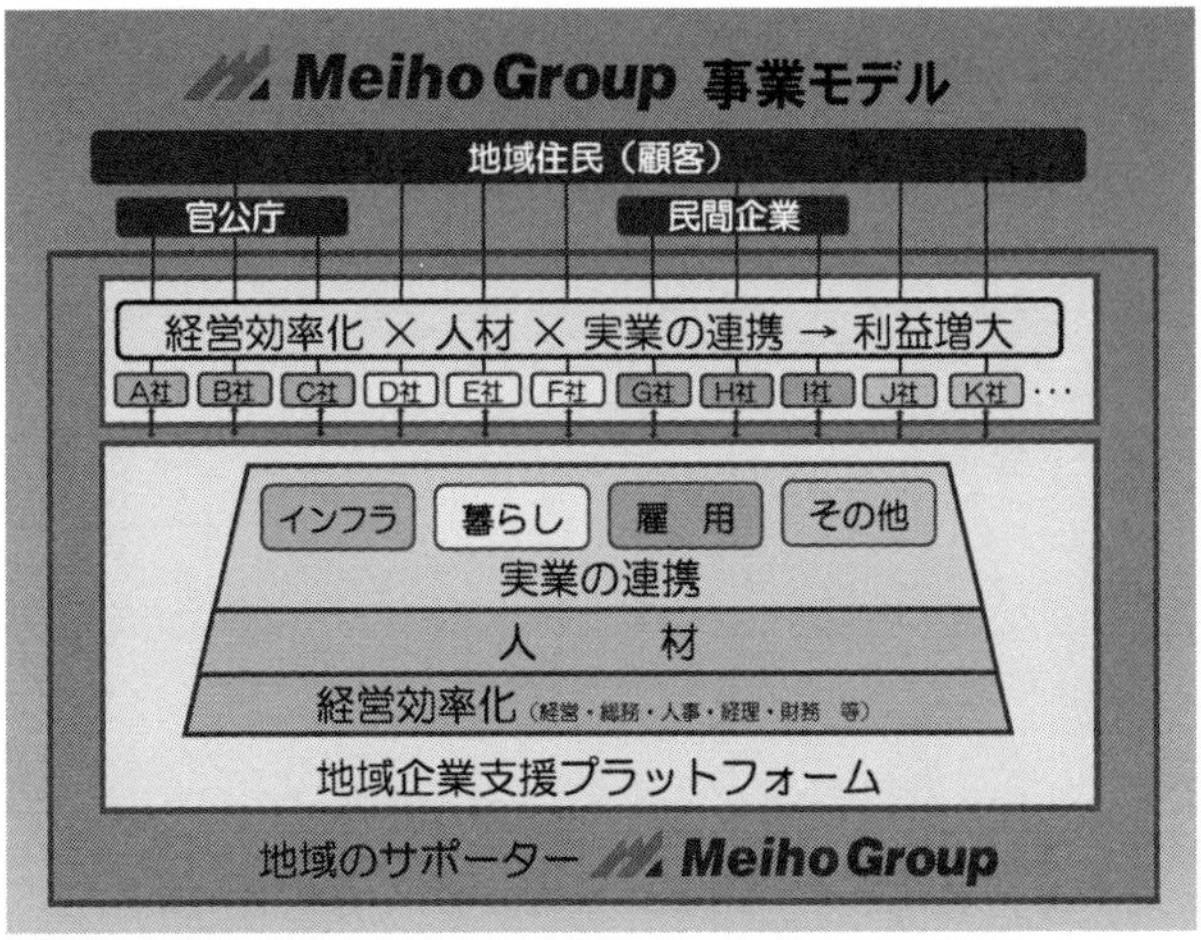

「地域企業支援プラットフォーム」は、大きく分けて「経営効率化」の支援、「人材」、そしてインフラ、暮らし、雇用など公共サービスに関連したビジネスにおける「実業の連携」に貢献し、会員企業の「利益増大」を支援します。

具体的には、参加企業の経営課題に解決策を見つける経営コンサルタント、経営戦略の立案、経理・財務の戦略化、管理組織の強化、採用・教育・研修・資格取得、営業・マーケティングのサポート、情報システムの構築など幅広くサポートします。

「人材」では、慢性的な人手不足が深刻化している中で、プラットフォームとして戦略的に採用を行って、各社のニーズに応えることができます。許認可や技術指導に必要な技術者に加え、シニア、女性、外国人などの採用もカバーし、必要な研修、教育も支援することができます。

特に力を注ぐのが、「実業の連携」です。

単に、参加企業同士の技術やノウハウをつなぐだけでなく、それらを結集して汎用性の高い「地域サポーターパッケージ」の創造とその標準化を目指します。

例えば、ある県の課題に対して、地元のＡ社の要請に応えて他県のＢ社、Ｃ社が技術・ノウハウ・人材などを提供して優れたサービスを構築したら、その成果を「標準パッケージ」にすることで、Ｂ社やＣ社が立地する県にも適用できるようになります。さらに、「標準パッケージ」を全国の自治体にも展開することも可能でしょう。

「実業連携」のキーワードは、「高める」「伸ばす」「変わる」の３点です。

高める…人材、技術、機材、営業情報などの相互補完を通じて、相互成長につなげる。

伸ばす…成熟市場にあっても、相互補完を通じて質・量とも地域Ｎｏ．１のサービスを提供する。

変わる…プラットフォームを背景に視野を広げ、新事業を積極的に開拓する。

当グループでは、「地域企業支援プラットフォーム」の基盤を強化するため、企業統治体制や予算管理制度の確立、月次決算の早期化、グループ共通の資金繰りシステムの実施、人事評価制度や報酬制度、労務管理制度などを整備し、さらに、業務を継続的に改善していくためのＰＤＣＡＡを回す仕組みをつくりこんできました。同時に、経理・財務はもとより、労務や事業の管理においてグループ共通で運用できるＩＴ環境も整備しています。これらの基盤を参加企業に広く提供し活用いただくことで、参加企業の経営効率化や人材獲得、ＩＴシステムの導入、新規事業創生などを幅広くサポートできます。

すでに、当グループは「地域企業支援プラットフォーム」の活動を開始しています。

グローバル展開の足掛かりとして

「地域企業支援プラットフォーム」は、日本国内の企業をイメージしてスタートしますが、将来的には世界に連携の輪を広げたいと考えています。

「地域のサポーター」と「グローバル」は、一見して結び付かないと思われるかもしれませんが、当グループでは、「地域のサポーター」という基本的な価値観はそのままに、10年以上前からグローバル展開を行っています。

スタートは、2007年。中国とベトナムに協力企業を得て、写真測量やGIS（地理情報システム）関連のデータ入力、処理業務を行いました。その後、高品質のサービスを迅速にお届けするために自前の拠点を求め、2010年にカンボジアのプノンペンにメイホーエンジニアリングプノンペン支店を設立しました。

プノンペン支店は、日本で受注したCAD図面の作成業務からスタートしましたが、現在は、それに加え、カンボジアを支援している日本のJICA（国際協力機構）や、フランスの政府開発援助機関などからコンサルタント業務を受託しています。さらに、2017年にカンボジア政府公認の送り出し機関として現地法人メイホーアピワットを設立し、カンボジアの技能実習生を日本の企業に届けるという教育機関としての役割も担うようになりました。

つまり、日本の地方行政業務の海外アウトソーシング、日本企業への海外人材の供給といった、ゼロベースではなかなかハードルの高い取り組みを、当グループがカンボジアと日本の橋渡し役として支援し、実現しているのです。

この実績・ノウハウを、プラットフォームの参加企業にも幅広く提供することができます。特に、プラットフォーム参加企業に対しては、自社で欲しいと考えている人材ニーズに応えて、現地で必要な技能・技術について教育訓練を行ったうえで人材を送り出せるこ

メイホーアピワットでの研修の様子

とが大きなメリットとなります。当グループでは、今後、プノンペンをコアにして周辺国にもネットワークを広げることで、プラットフォーム参加企業に多様な人材を送り出していきたいと考えています。

さらに私は、プラットフォーム自体のグローバル展開を構想しています。というのも、カンボジアをはじめ新興国を訪れるたびに、これらの国々も生産性の高い「地域のサポーター」を求めていると実感するからです。近い将来、プラットフォームに集う企業が確立した「地域のサポーター」としてのビジネスモデルを、こうした国々の地域創生に展開していきたい、現地企業にもプラットフォームの門戸を開いて連携し、私たちにしかできないサービスを通じて現地社会に貢献したいと願っています。

7 高収益企業を目指して(1)10年後をイメージしてPDCAAを回す

メイホーグループは、高収益企業であり続けるために、常に10年先の経営ビジョンを設定したうえで、5年先、3年先、1年先と逆算する形でそれぞれの目標を立て、月次決算を通じて独自のPDCAAを回して検証しながら目標達成に取り組んでいます。

それとともに、グループが飛躍するために管理部門や経理・財務、人材育成などに力を注いでいます。これが「地域企業支援プラットフォーム」の基盤となって、当グループだけでなくプラットフォームに参加する企業の発展飛躍にも貢献します。

その具体的な取り組みを、5章にわたってご紹介していきます。

1人当たりの営業利益を高める

生産性を考えるうえで根本にあるのは、1人当たりの営業利益をいかに高めていくかということです。

稲盛和夫氏は、営業利益率は10％がミニマムだ、悪くても10％を達成しなければならない、経営者はそれくらいの利益率は当たり前だと思わなければならない、それをクリアしても評価はプラマイ0だ、そこからプラスアルファを貪欲に目指すか目指さないかが、会社を大きくできるかどうかの分かれ道だ、と著書に書いておられます。

会社は、利益を上げなければ成り立ちません。利益を上げることは恥ずべきことでもなければ、人の道に反することでもありません。正しいビジネスをして得られた利益は、誇るべきものです。企業が利益を生むから、社員の賃金が確保され、将来への投資もできるのです。この将来への投資が「永続的発展的なしあわせ社会」を創造するのです。

公明正大に事業を行い、正しい利益を追求し、社会に貢献していくのが当グループの経営です。

日本の会社でよくないのは、仕事をする前に価格を決めるのではなく、仕事が終わるころに値段交渉を始めるケースがあることです。仕事が終わった後も、お客様があれこれと無償の追加サービスを求めることがあるのですが、これは「サービスは無料」という古い考えが蔓延していることの表れではないでしょうか。今はサービス、あるいはソリューションこそ仕事の本筋であって、高度なサービスを提供したら正当な対価をいただける仕組みに変えていかなければなりません。

これも、わが国が「モノづくり」を中心に発展してきたことの弊害だと思っています。

10年後をイメージする

社員の生産性を高める基本は、経営計画と月次管理を通じた経営指導です。

経営計画をつくる場合、皆さんはどのような方法をとっておられるのでしょうか。今年の実績を１００として、これをベースにして世の中の動き、業界の見通しなどを勘案する。そのうえで、来年は１１０にしよう、あるいは経営環境がいいから１２０を目指そうという形でつくるというのが一般的な方法かもしれません。しかし、それではダメです。なぜなら、会社が目指そうとする将来ビジョンが反映されていないからです。

私が社員に常々言っているのは、「俯瞰逆算」です。最初に10年後をイメージして目標を

俯瞰逆算のイメージ

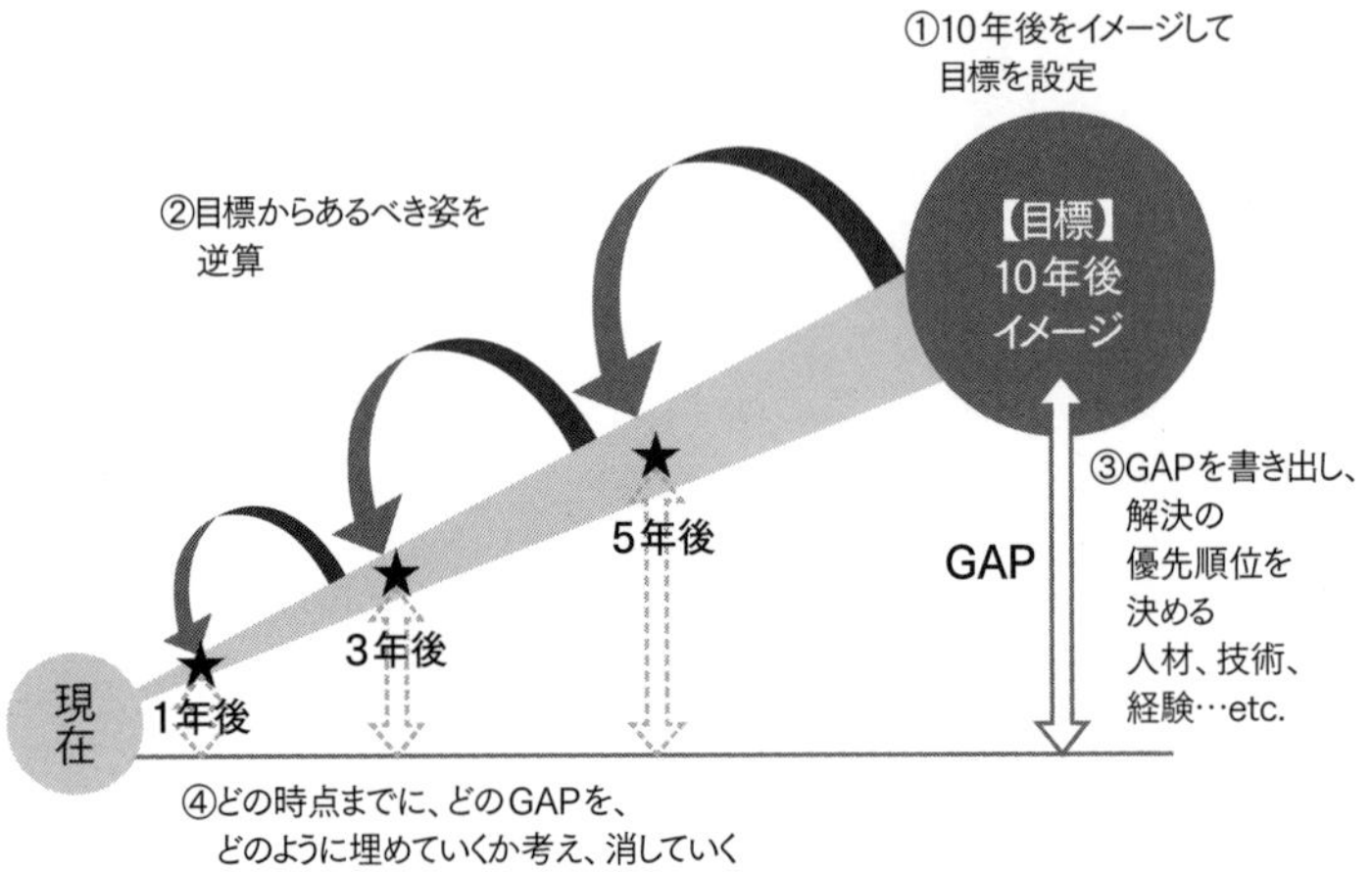

設定します。そして、目標を実現するために5年後はどこまで達成できていなければならないか、3年後はどうかと、全体を俯瞰しながら逆算していきます。その第1歩として来年は少なくともこのレベルを実現する必要があるという形で、経営計画をまとめるように指導しています。

したがって、目標を立てるには、かなりの思考力が要求されます。多くの社員は、根拠もなく安易に10年後はこうした目標達成を目指します、今年はここまでやりますと言ってきます。では、どのようにして目標を達成するのかと聞くと、深く考えたわけではないのできちんと答えることができません。

それでは、絵に描いた餅です。現実をき

ちんと見る力があれば、今ある手持ちの仕事や戦力でいかに実績を積み上げていったところで、そのような数値は達成できるはずがないことはおのずとわかるでしょう。

私は、目標と現実の整合性については特にうるさく指導しています。まずは、10年後の目標数値から現状の数値を引き算して、足りない要素、つまりギャップを全部書き出してもらいます。そのうえで、ギャップをどのように埋めていくか考えてもらうのです。

例えば、現状の年間売上高が3億円であるのに対し、10年後には10億円にしたいという目標を掲げるなら、同業で売上高が10億円ある会社と比較して、その会社にあって自社にはないものを列挙してもらうわけです。そして、10年間の計画の中で優先順位をつけて足りない部分を消していく。この作業こそが経営計画の核心になります。

PDCAAを回す

経営計画を立てた後は、PDCA（Plan-Do-Check-Action）サイクルを回して目標達成に取り組むことが重要な鍵になります。ここでも、経営指導は必須です。何も指導しなければ、PDCAではなく、「Do-Do」サイクルの堂々巡りになりがちだからです。

「Do」は誰でもできます。しかし、肝心の「Plan」ができていないケースが驚くほど多いの

PDCAサイクルとPDCAAサイクル

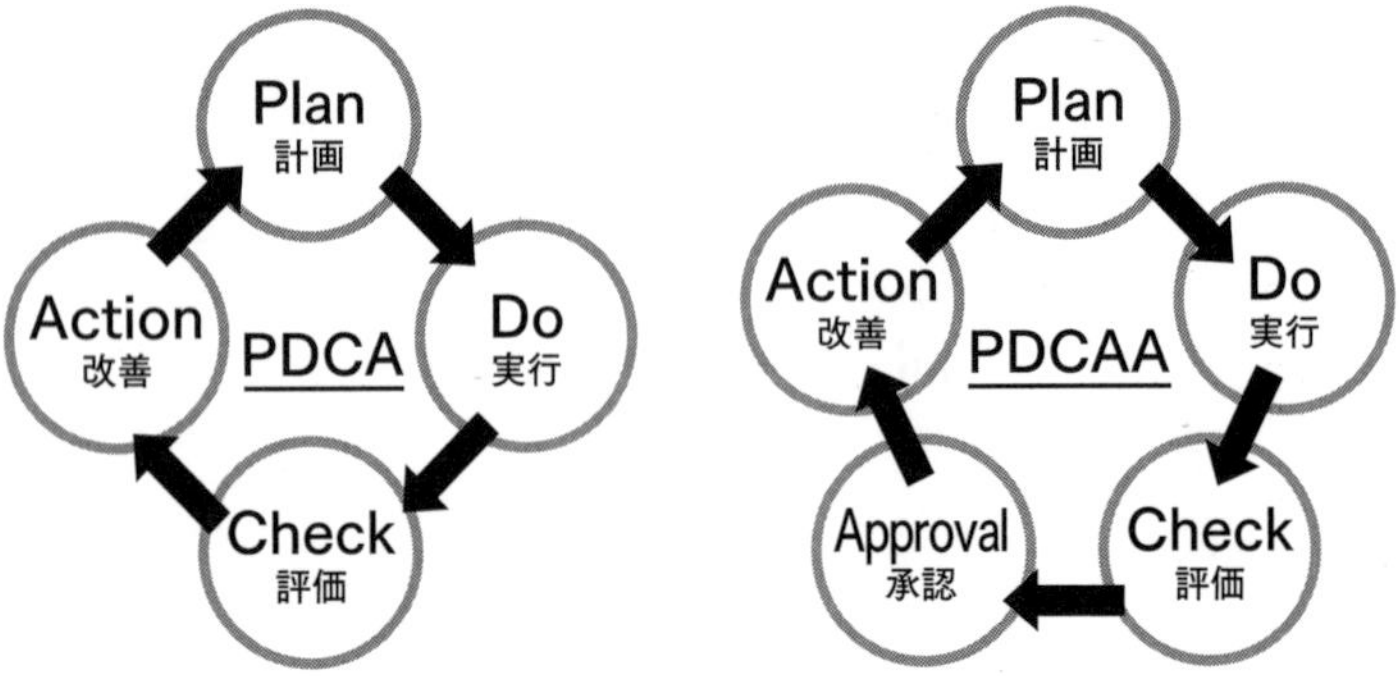

です。「Plan」ができていなければ、その後に続く「Do」も「Check」も「Action」もいくら回しても意味がありません。

　まずは、多くの中小企業にありがちな計画も立てずに実行だけしている「Do-Do」サイクルを「ＰＤ」サイクルに変えることが、すべての出発点です。それができるようになって初めて、目標達成に向けたＰＤＣＡサイクルを回すことができます。当グループの場合は、「評価：Check」で計画未達の場合になかなか「改善：Action」が出にくい状況があるため、「改善：Action」を共に考える意識から「承認：Approval」を加え、ＰＤＣＡＡサイクルと呼んでいます。

　このＰＤＣＡＡをしっかりと回すことで、社員と密接なコミュニケーションをとることができますし、考え方を一致させることもできます。この取り組みがなくては、会社のオペレーションは機能しません。目標を達成するには、こうした指導を通じて、社員にＰＤＣＡＡサイクルを回すことを習慣にしていただく必要があります。当グループは、まだまだ能動的に動く社員ばかりではありません。これは社員の問題というより、私をはじめ経営幹部の課題でもあります。インセンティブの付与などを含めて、しっかりと社員が活性化する仕組みも考えていきたいと思っています。

例えば、当グループに入る前のある会社は、仕事量は多いにもかかわらず、業績が低迷していました。実態を調べると、社長も幹部も目の前の仕事に追われて、少し先の経営を考える余裕がない状態が続いていました。社員は上司から指示されたことを言われるままにこなすだけでした。それが成長を阻害している大きな要因だったのです。この会社がグループの一員となり、ＰＤＣＡＡサイクルを回すことにより、社長以下全社員が仕事を自分ごととして考えるようになりました。そして、業績先行管理を行うことで効率的・生産的な経営が実現し、業績も大きく伸びていきました。

8 高収益企業を目指して（2）管理部門を強化する

管理部門に求められる役割

企業が発展するかどうかは、会社全体を自分ごとと捉えて働いている社員がどれほどいるかということにかかっています。社員一人ひとりが会社全体を自分ごととして仕事に励んでいる会社は必ず成長するものです。

中小企業では、「仕事をやらされている」「お金のため、生活のために働いている」と考えている社員が多いものです。そうした社員に対して、経営企画、総務、人事、経理、財務などの管理部門は、自分ごととして仕事に取り組めるようにするための仕組みや環境を整えていく役割が求められます。

ここでは、当グループにおける管理部門の機能と、中小企業が集まってプラットフォーム化することで強化される管理部門について考えていきます。

経営企画——経営の司令塔をつくる

大企業に比べて、中小企業が弱い点は、管理部門に十分なマンパワーを投入できないことです。

大企業には、「経営企画」「経営戦略」という組織があり、企業の中長期の経営目標とそのステップである戦略の立案・策定を行い、実施の管理などを担当しています。直接事業に関わるわけではないので、公平、客観的に会社を見ることができます。それゆえ、社長をはじめとする経営陣のシンクタンクとなって、成長のための「司令塔」の役割を果たしています。

中小企業では、もっぱら社長一人が経営戦略の立案や計画の実現に必要な経営資源（ヒト・モノ・カネ・情報）の配分、計画の進捗管理といった経営企画的な仕事をしているというのが現状でしょう。しかし、社長の勘と度胸に頼った発想には限界があります。新しい時代に対応するためには、中小企業においても経営企画部門の設置が必要です。

当グループでも、組織ごとに経営計画をつくり、月次の会議で進捗状況を分析しています。当事者が担当しているわけですから、どうしても視野が狭くなることがあり、目先の売上や利益に左右されがちです。そうはいっても、司令塔となる経営企画のスペシャリストをなかなか雇うことができませんでした。

しかし、グループ会社が増えて規模も拡大しつつあり、専任の経営企画担当者を社内に置くことができるようになってきました。もちろん、まだまだ月次レベルで経営計画とのずれが生じます。それでも以前に比べると、制度を整え、人を育ててきたことで、かなり精度が高まってきました。今後、司令塔の力が発揮されるようになれば、より戦略的な経営が可能になると考えています。そして、経営の司令塔と営業や技術の実行部隊を分離することで、現場もより明確な目標に向かって全力で取り組めるようになると思います。

「地域企業支援プラットフォーム」に参画することで、こうした経営企画的な考え方を導入することができます。具体的には、経営計画においてＰＤＣＡサイクルを回すことで目標管理がしやすくなります。月次、四半期、期ごとに目標管理を行うことにより、目標から乖離した場合でも問題点が明確になり、直ちに挽回策を講じることで早期に軌道修正できます。さらに、潜在的なリスクを検討することにより、問題が顕在化する前に対策を施す、あるいは顕在化した場合に備えるといったことも可能になります。そして、常に先行管理を行う習慣を定着させることで、リスク回避だけでなく、最終的に業績向上につなげることができます。

もちろん、経営企画部門がなくても経営計画をきちんとつくれば大丈夫と考える方もおられるかもしれません。しかし、経営計画を掲げただけで満足しているような会社が多く見受けられます。重要なのは、策定した後に目標に向かってどう動くかです。３年後にこうなりたいという目標を掲げたなら、それを実現するには１年後にはこのレベルに達していなければならない、６カ月目はどうか、３カ月目はどうかと遡って今やるべきことを考える「俯瞰逆算」が欠かせません。つまり、目標達成に向けて今月はこれだけはやっておかねばならないという形で、社長はじめ幹部、社員一人ひとりが為すべきことを自分ごととして理解して実行することが大切です。そして、月次で精査を繰り返します。

目標を達成できなかった部門が、なぜ未達になったのか徹底的に分析して挽回策を考えるのは当然ですが、達成できた部門もただ安心するのではなく、なぜうまくできたのか、結果オーライの要素はなかったのかなどと考えることが肝要です。そうした取り組みを通じて全員が現状を正しく認識して当月の仕事に向かうのです。このようなＰＤＣＡサイクルを回すことでしか、経営計画は達成できません。さらに言えば中小企業が生き残っていくことはできないと考えています。

総務―会社のレベルアップ

大企業では、総務部門が社長や経営陣のスタッフの役割を担い、法務、広報・宣伝、IR（株主・投資家向け広報）、情報システムの運用、コンプライアンスやリスクの管理など、企業としての経営戦略で重要な機能を果たしています。実際に、総務部門出身の社長も数多くいます。政府で言えば、首相の側近である官房長官のような役割が総務と言っていいでしょう。

これに対し、中小企業の総務部門は、営業や技術などの事業部門の枠から外れたこまごまとした仕事を処理する庶務的な業務に終始していることが多いと思われます。同じ総務部門でも、大企業と中小企業とで業務内容に差はあると思いますが、共通して言えるのは、その重要性に目が行きにくいということです。

私自身も大企業に勤めた経験があるものの、研究者として研究に専念していましたから、総務の仕事内容についてはほとんど知る機会がありませんでした。会社経営に当たるようになっても、しばらくは総務の重要性に気づきませんでした。ある程度会社の規模が大きくなり、新たに採用した大企業の管理部門にいた人たちから、総務をはじめとした管理部門の脆弱性が指摘されたことでようやく重要性に気づき、本腰を入れて強化に取り組んだのです。

現在では、当グループの総務部門は、中小企業にありがちな庶務的な業務に終始するのではなく、グループ各社の法務、コンプライアンス、規程の管理、リスク管理、広報、情報システムの導入・運用、株式の管理なども行うようになりました。

これらの業務を行うために、当グループが行った取り組みを以下にご紹介します。

●専任スペシャリストの採用

当グループでは、情報システムの構築・管理を専任で行うシステム担当者を採用しています。この専任担当者のもとでグループ各社の経理ソフトを共通化したことで、各社の月次決算を翌月第4営業日までに集計することが可能になり、迅速に連結決算をまとめることができるようになりました。

労務分野でも、働き方改革に対応する「勤怠管理システム」を導入し、各社員の残業時間を日次で管理しています。さらに、規定の残業時間の約80％を超えたらアラートが出て、管理者も確認出来る仕組みとなっています。勤怠管理を疎かにすると、社員の不満がたまるだけでなく、公共の仕事をしている会社ではペナルティが科せられる懸念も出てきます。

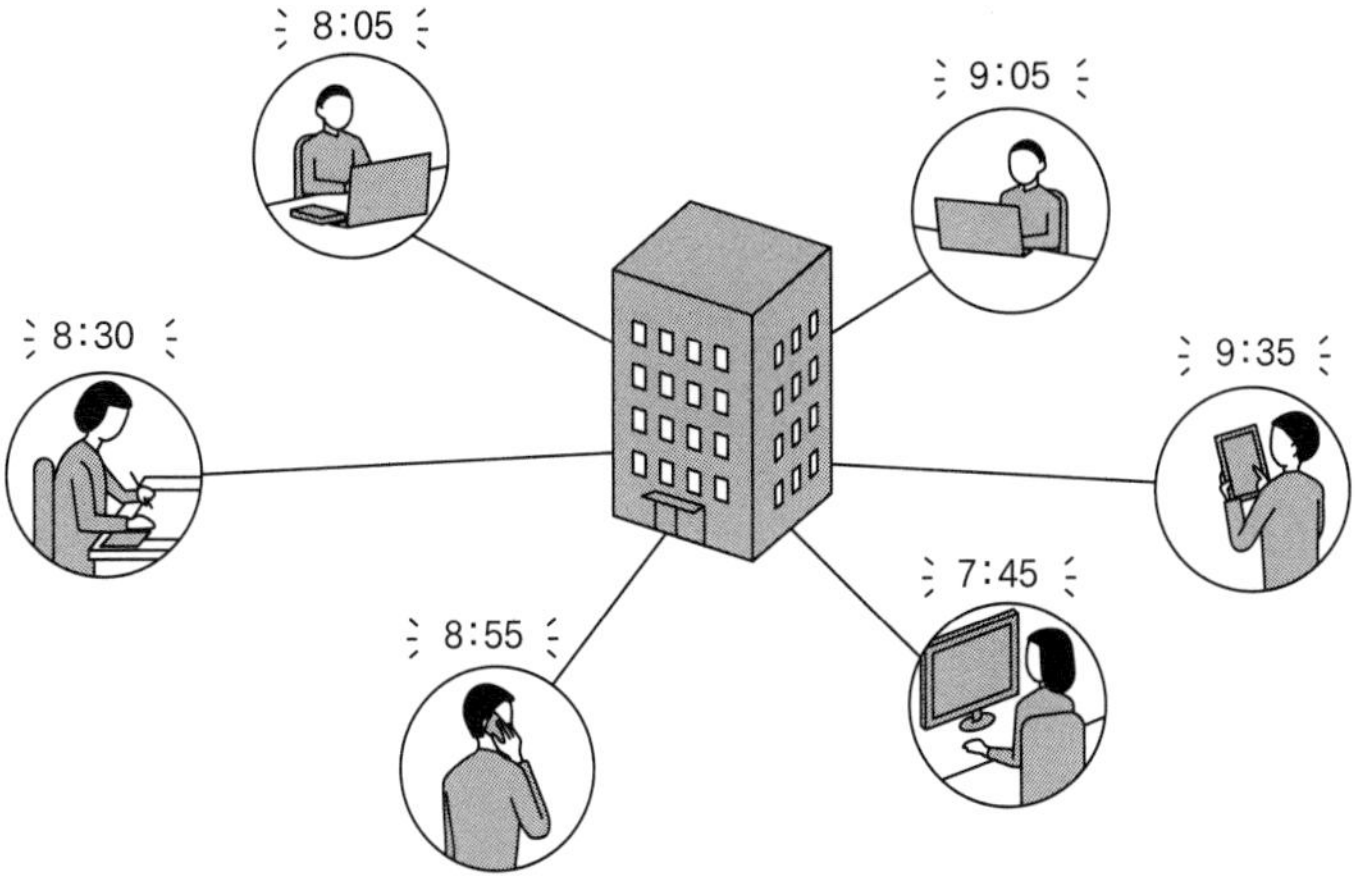

そうは言っても、多忙な現場ではなかなか社員各自の残業時間にまで目が行き届かないものです。このシステムの導入により、効率的かつ正確に残業時間を管理できるようになりました。コンプライアンス面でも、お客様の重要な情報データを扱う会社として、厳正な情報管理と運用を行っています。

世の中ではＩＴ化が加速度的に進行しており、その流れに乗り遅れると事業の発展が困難になりつつあります。今回のコロナ禍により急速に広がったテレワークが、まさにその典型と言えるでしょう。今後、役所や取引先企業のＩＴ化はいっそう進んでいきます。当グループに参画すれば、こうした情報システムの構築・運用のサポートを受けることができます。

●弁護士、公認会計士、税理士、社会保険労務士など外部の専門家の支援

スペシャリストの採用と同様に効果的だと考えるのは、外部専門家との連携です。法務やコンプライアンス、リスク管理、経理・財務などの業務においては、必要に応じて弁護士、公認会計士、税理士、社会保険労務士など幅広い専門家に相談し、アドバイスを受けています。

中小企業には顧問税理士がおられますが、あくまで税務申告の支援にとどまっていると思います。法律に関わる問題が生じた場合には、会社の実情をよく知っている顧問弁護士や公認会計士、社会保険労務士がついていると心強いものです。中小企業では費用面もあってなかなか依頼できないことでも、グループ、あるいはプラットフォームとして顧問をお願いすることで、個別企業の問題に対して的確に指導を仰ぐことができます。

●「地域のサポーター」としての広報活動

広報活動を、中小企業には縁のない取り組みだと思っておられませんか。会社が広く知られ事業内容が認知されることで、事業が円滑に行えるだけでなく、採用や新規事業を始めるうえでも大きな効果が期待できます。

当グループでは、地元を中心としたテレビ・ラジオ・新聞などの取材に積極的に応えて

います。私だけでなく、地域密着の介護サービス事業を行っているグループ会社の社長も地元メディアへの出演のほか、各地で開催される講演会などにも積極的に出ています。

そうした活動もあって、当グループは地元ではある程度知られるようになりました。今後、「地域のサポーター」として全国的な中小企業の集合体をつくっていきたいと願っていますが、当グループの考え方に賛同いただく中小企業を募っていくためにも広報活動をいっそう強化していくことにしています。

人事―「人力」を高め、会社の基礎代謝を上げる

今、若い方に一番人気のある職業は公務員だといいます。バブル経済崩壊後に生まれた若者は、長期低落傾向にある日本経済の中で育ってきました。半導体や家電などでかつて世界をリードしてきた大企業さえ外国資本に身売りされる状況を見て、「日本の企業には将来はない」とはっきり思っています。その裏返しとして「安定した公務員になりたい」と思い、親も公務員になることを望んでいます。若者がこんなことを考えている国は、世界広しといえど日本しかないそうです。この事実だけでも、日本という国の将来について悲観的にならざるをえません。

私たちの頃も長男だから公務員になるという友人はいましたが、一方で海外に出て活躍したい、会社に入って大きな仕事をしたいと考える者が数多くいました。それを考えると、随分若者の意識が変わってきていると思います。

大企業でさえ就職人気があるとは言えないのですから、ましてや中小企業を希望する学生はどんどん減っています。さらに、少子化もあって、中小企業の人手不足はいっそう深刻になりつつあります。

そうした厳しい現状の中で、若い人に入社してもらうにはどうすればいいのでしょうか。

当グループの人事・労務の基本方針は、次の2点です。

①３つのｗａｎｔｓを重視する

・入社してみたい
・ずっと働きたい
・チャレンジしたい

②能動的主体的な人材への変革に取り組む

まずは、若い人から見て、「入社してみたい」「ずっと働きたい」「チャレンジしたい」と思ってもらえるような魅力的な会社になることが第一です。

若い人が会社を選ぶ際には、「安定性」のほかに、「人間関係がよいか」「権限が与えられるか」「達成感はあるか」「自分が成長できるか」「正当に評価・承認されるか」「社会貢献につながるか」といった判断基準があります。公共関連の当グループは「安定性」「社会貢献性」に加えて、人間関係が良好で、社員一人ひとりが能動的主体的に取り組むことで「達成感」と「成長」、「承認」が得られる会社を目指しています。

そして、入社後には、受け身の意識を変えていただいて、能動的主体的に仕事に取り組んでいただくように環境を整え、社員が積極的に「チャレンジしたい」と思える会社を目指してきました。

そうした経営を進めてきたことで、社員の定着率も好転してきたと実感しています。

人事部門は、社員と直接関わる機会も多く、人材を育て、社員が会社全体を自分ごととして仕事ができる環境を整えるうえで重要な役割を担います。人事面において、当グループが積極的に行っているのは、主に以下のような取り組みです。

●人事評価、労務管理

会社の最大の資産は人材です。大切な人材を活かしていくために、当グループでは人事制度の充実と公正な人事評価に特に力を注いでいます。

ほとんどの中小企業では、正当に人事評価が行われていないように思われます。仮に社員の取り組みを評価する基準はあったとしても、それに従った公正な人事評価ができていないというのが現実でしょう。

中小企業にとっての優先事項は、営業部門や技術部門など即戦力となる人員を増やすことです。そうすれば間違いなく売上に直結するからです。その反面、管理部門の仕事は直接的に売上や利益につながらないだけに、なかなか目が向けられないというのが実情です。しかし、会社がきちんと社員を評価・処遇しなければ、社員に不満が広がり業績にも影響します。社員の仕事を正当に評価することが、社員のモチベーションを高める基盤となるのです。

当グループでは、共通の人事制度、人事評価システムを導入することで、業種が異なるグループ会社において公正な評価を行う努力を続けています。

共通の人事制度はグループの運営面でも大きな効果をもたらしています。例えば、当グループのあるセグメントには同じ業種の会社が5社あります。その中のA社に特定の技術を有する技術者が2人いる一方でB社にはいないという場合、A社から技術者一人をB社に異動してもらいたいと思っても、両社の間で人事制度や人事評価の基準がそろっていなければ、給与やボーナスの査定が変わって必ず不公平が生じます。A社もB社も同じ人事制度であるならば、技術者の異動もスムーズに行うことができるのです。

労務管理では、中小企業に限ったことではないのかもしれませんが、お客様の要望で急な仕事をしたり、仕事の修正をしたりすることも出てきます。その結果、思わぬ残業が増えるなど労務管理が難しくなる側面があります。

当グループにおいても、お客様の事業所に席を置いて業務支援を行う社員、一日数時間のみ働く介護事業会社の社員など、さまざまな業種・多様な職種があるため、それぞれの業務の特性と現状を踏まえて就業規則や規程を整備しています。そして、ホールディングカンパニーの労務担当者とグループ各社の労務担当者が連携して残業時間の管理を行うなど、社員に過重な負荷がかからないように運用しています。

●グループの強みを生かした採用活動

当グループは、個別企業の採用部門に加えて、グループ全体の採用に当たる人材採用部門があります。

当グループが関わる事業領域では、慢性的な技術者不足が成長の大きな足枷となっています。技術者さえ確保できればいくらでも仕事は増やすことができるのに、多くの中小企

メイホーグループとして就職イベントに出展

業は人材確保がままならない状況です。

そこで、当グループでは、グループとして採用を行う部門を設け、インターネットを介した採用や全国各地で行われる就職イベントへの出展などを行っています。さらに、地方では採用が難しい高い技術や資格を有する社員を獲得するために、人材あっせん会社ともネットワークを結んで人材獲得に取り組んでいます。

また、当グループでは、前述のとおり、技能研修生を日本企業に送り出すカンボジア政府公認のグループ会社を有しているため、グローバルな視点からの人材確保も可能です。

今後、日本、とりわけ地方において人手不足がますます深刻化することが予想されますが、グループでまとまって採用活動・人材確保を行うことにより、より適材適所な人材配置が実現

階層別研修

できると考えています。

● 重層的な教育・研修システム

中小企業はＯＪＴ以外の教育がほぼなされていないのが現状ですが、当グループでは、グループ各社に対してＯｆｆＪＴとして階層別研修を実施しています。

階層別研修は、新人、若手、中堅、管理職、経営層など5段階で設定。新人や若手向け研修では、社会人の基礎知識に始まり、コミュニケーションスキルやビジネス知識、セルフマネジメントなどを学んでいきます。管理職以上向け研修では、マネジメントに重点を置いて本社の人事部門が主体となって行っています。

専門技術を高める研修も、力を注いでいるところです。建設技術、ケアマネジメントなど、セグメントごとにカリキュラムを整備して進めています。

社員の専門技術の向上は、その会社の特長・強みに直結して効果を発揮します。こうした専門技術研修は、社員の公的資格取得支援などとあわせて、よりいっそう重視し、強化していく予定です。

●属人化からの脱却

中小企業では、「この仕事はAさんしかできない」という話が当たり前のようにあります。もし、Aさんが病気で倒れたりしたら大変なことになるのですが、そうなってみないと危機管理が働かないのです。これが、属人化ということです。

技術に関しては属人化の弊害は少ないでしょう。Aさんが休んだときに備えてBさんができるようにするなど技術の共有化が図られています。しかし、それだけでは不十分です。営業やマネジメントに関しても属人化から脱却することが、会社の発展にとって重要なことだと考えています。

まずは、「この人でなければできない」という思い込みに気づき、属人化を助長させない仕組みを築くことが大切です。

当グループでは、グループ内での人材の流動化が可能となる人事制度を採用することで、

属人化脱却イメージ

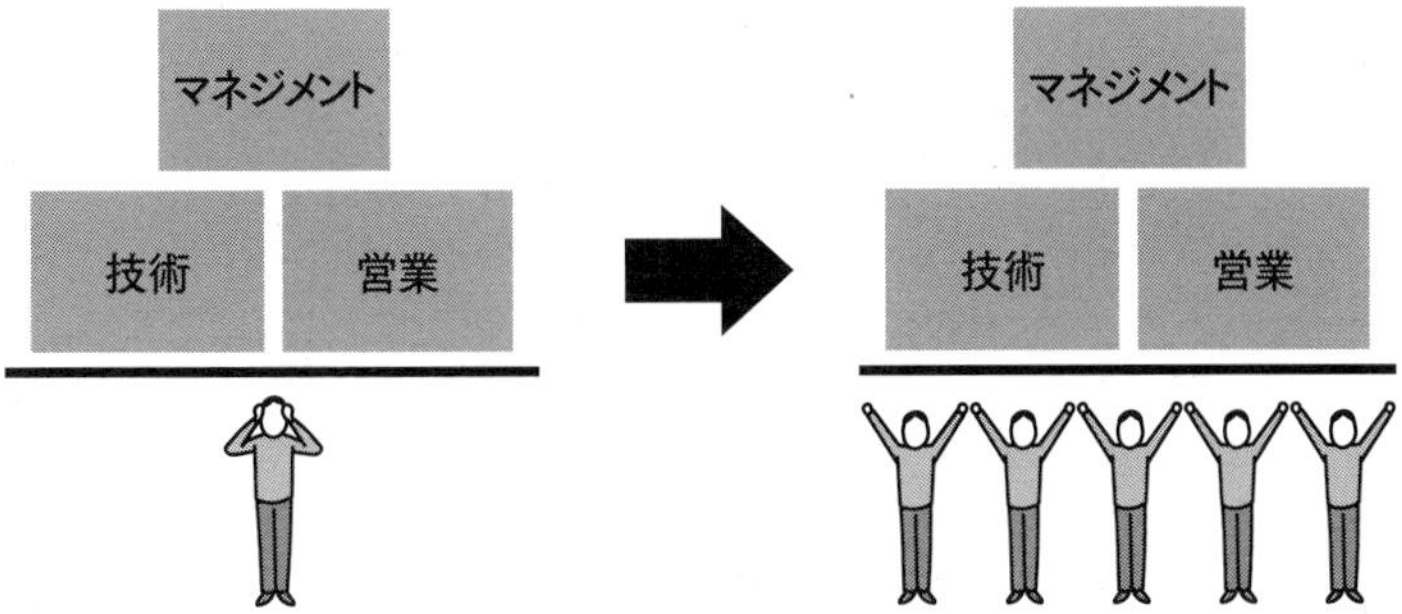

属人化からの脱却を図っています。属人化から脱却することができれば、グループ内のどこの会社、どこの部門であっても、実施したい施策が高いレベルで均質化されるでしょう。

●「人力」を高め、基礎代謝を上げる

前述のような人事面での取り組みを通じ、当グループが目指しているのは「人力」を高め、企業の基礎代謝を上げることです。

「人力」はやや難しい概念ですが、人間力のような、チャレンジする、成果を上げるパワーのことです。ビジネスの場合、技術、営業、マネジメントにおいて、いくら努力したとしても、成果が上がらなければ評価につながりません。ビジネスでは常に予想外の変化も起きますから、変化に対する抵抗力を身に付けることも求められます。どのような変化に対しても柔軟に対処できる「人力」があ

れば、困難を乗り越えて成果に結び付けることができます。そうした「人力」を持つ社員を増やしていくことで、会社の基礎代謝も向上します。組織を動かし、強くする原動力になるのです。

例えば、内部留保の厚い会社は不景気が来たときの抵抗力が強いように、技術や営業においても「人力」の内部留保を厚くすることで乗り切ることができるはずです。こうした「人力」アップは個別企業では難しいかもしれませんが、中小企業が集まるプラットフォームの中で交流・研修などを行うことで実現可能だと考えています。

●功労者を尊重しつつ新陳代謝を促進する

中小企業にとって世代交代も大きな課題です。会社の業容も大きく変わり、新しい業容に必要な人材を育てていかなければならないのに、先代に仕えていた人がいつまでも辞めないで在籍しているという会社があります。

当グループは、1992年に私が経営を継いだときは社員10人足らずでしたが、30年後の今は、グループ全体で800人になっています。会社経営は厳しいもので、10人の規模の会社の幹部と800人の会社の幹部では仕事も役割も変わってくるのです。10人の会社の幹部には、先頭に立って仕事をし、若い社員を引っ張っていく「俺についてこい」タイプのチームリーダーのような人が求められます。一方、８００人の会社の幹部は、戦略・戦術を考え、会社を大きく動かしていくことが重要になります。

私は、会社の規模が大きくなるにしたがい、草創期に大きな功労のあった方の処遇に随分悩みました。今があるのは、その人がそのときに頑張ってくれたおかげだと十二分にわかっているからこそ、今の体制には合わないという理由で、役員を降りてくださいと言えなかったのです。

そんなとき、西郷隆盛の『南洲翁遺訓』第一条にある「何程国家に勲労有るとも、其の職に任へぬ人を官職を以て賞するは善からぬことの第一也。官は其の人を選びて之れを授け、功有る者には俸禄を以て賞し、之れを愛し置くものぞ」という一節に出合いました。これは、「過去にどんなに国に功績があったとしても、その職務に適任でない人物を重要な官職に就けておくというのは、最もしてはならないことである。重要な官職は、その人の資質、能力をよく選んで授けるべきで、功績があった者には、給料や褒美を与えて報い、感謝するのがよい方法である」、つまり能力主義でやりなさいということです。明治維新の頃には倒幕のために命を顧みずに奮闘した志士がいましたが、それらの人々は必ずしも新政府の指導者に向いている人ばかりではなかったのです。西郷さんは、それを知っているから、昔、お世話になった人であっても、新しい役割に向いていない人は役職に就けてはいけないと言うのです。ただし、功労者にふさわしい俸給は払うべきであるとも書いています。

私は、それを読んで一気に楽になりました。功労のあった方に「会社の業務内容が変わってきたので、役員は降りていただきますが、報酬はそのままにさせていただきます」とお伝えすることができました。

その一言が言えないまま役員を続けていただいていたら、会社経営の面だけでなく、次の世代の頭を押さえることにもなって、さまざまな不都合が生じていたと思います。

世の中には、こうした世代交代問題で悩んでおられる会社が数多くあるのではないでしょうか。人間関係もあって、当事者だけではなかなか解決しにくいデリケートな問題ですが、第三者の客観的な意見が解決の糸口につながるのではないかと思っています。

当グループのプラットフォームに入っていただければ、会社の成長発展に向けて新しい人材の登用や世代交代を含めた最善の策をご提案できると思います。

9 高収益企業を目指して(3)経営の根幹は、「経理」「財務」

中小企業における「経理」の重要性

中小企業は、現金主義・税務会計をベースとして会計処理を行っているところがほとんどです。売上の計上時期と費用の計上時期が一致しないことが多く、当期利益が適正なものとして表されず、期によって大きく変動しがちです。

これに対し、当グループでは、会計監査を受ける上場企業に求められる企業会計基準を採用して、収益計上や費用計上の基準、諸引当金の計上や税効果会計など会計基準に基づく会計処理を適用し、正しい利益を計上することを第一としています。厳正な会計基準を導入することで、グループ各社は適切な決算を組むことができます。その結果、当グループの連結決算も精度が高まるのです。

中小企業では、同じ「経理」という言葉でも、きちんと処理している会社とそうでない会社とでは、まったく内容が異なってきます。

「経理」というのは、4月1日から3月31日までを1期とするなら、4月1日午前0時から翌年の3月31日の24時までの経営活動で発生した売上と経費をすべて記録して計上しなければなりません。ある仕事について、月末時点で実現主義に基づく売上がどれだけあって発生主義に基づく経費をいくら使ったかということを明確にする必要があります。しかも、同時期に複数の仕事が仕掛かっているのですから、個別の仕事ごとに売上や経費を認識するのはなかなか煩雑な作業となります。

多くの中小企業は、そうした数字を月次でまとめていないでしょう。経費はおろか売上さえきちんと記録していない会社も少なくありません。仮に月次決算を行っていても数カ月遅れが日常化しているので、資金のショートなどの問題に気づくのが遅れて大変なことになるケースもあります。極端な例では、決算期を過ぎた段階で顧問税理士に「先生、今期は儲かった？」と尋ねるような会社もあります。

そんな会社がグループ入りすると、まずは月次で決算を出すことから始めます。最初は「面倒くさい」と口に出す社長さえいましたが、これがすべての基本であり、避けては通れない道なのです。具体的にはどういうことを行うのか、以下ご紹介します。

●「現金主義」から「実現主義・発生主義」へ

月次で決算を出すため、当グループでは、新たにグループ入りする会社に対し、「現金主義」から「実現主義・発生主義」へ計上方法を変えるよう指導しています。

「現金主義」とは、入金があったときに売上を立て、出金があったときに経費を立てるものです。しかし、売上は仕事が完了した実現時と入金時にタイムラグがあり、経費も同様に発生時と出金時でずれがあります。入金時と出金時だけで管理する「現金主義」を続けていると、今月は仕事を仕上げたのに売上がゼロになることが往々にしてあり、経費だけはさまざまに出ていったために、見かけ上は「赤字」になるということが起きます。逆に、実際は仕事がなかったのに以前の仕事の入金があって儲かっている気になることもあります。仕事が1件だけならさすがにタイムラグに気づきますが、普通は多くの仕事を並行して進めていますから、適当に売上が上がっているし適当に経費も出ていくので、何となく会社はうまく回っているように見えるものです。

しかし、それでは経営計画の基本となるデータは得られません。本来、仕事は1対1で見ていく必要があります。例えば、当グループの公共関連の仕事は、役所の依頼により工期6カ月で道路の設計をする、あるいは道路を建設するというものです。仕事は、協力会社にもお願いして進めますから、経費として材料費や機械費用、協力会社への支払いなどが不断に発生します。それらを毎月処理していくには、きちんとした仕組みが必要なのです。ある仕事に関して、売上は「実現主義」により計上しますが、工期の長い業務については業務進捗率を合理的に見積もり、今月8割の進捗があったら売上を8割立てるという「工事進行基準」に基づき売上を計上します。今月分の経費や販管費は「発生主義」で計上します。「実現主義・発生主義」に切り替えることで、今月の売上と経費が仕事ごとに明確になり、利益を正確に算定することができるのです。社長などの恣意的な判断が割り込む余地はありません。

●プラットフォームで経理戦略を支援する

「現金主義」から「実現主義・発生主義」に切り替えて、きっちりと月次で決算を出すことが重要であることを頭で理解できても、実際にそれをこなす仕組みをつくるのは大変な作業です。最新の経理ソフトを導入したとしても、各部門から正しい数字が迅速に上がってこなければ決算は出すことができません。かといって、経理担当者が現場の管理者に対して「実現主義」と「発生主義」を指導することもままならないでしょう。現場が「実現主義・

発生主義」を理解しなければ、「笛吹けど踊らず」の状態が延々と続くことになります。

ここでも頼りになるのが、「地域企業支援プラットフォーム」の存在です。当グループのプラットフォームに参画いただければ、経理システムの導入から運用、さらに教育・研修までトータルにサポートすることができます。具体的には、「グループ経理規程」「グループ経理マニュアル」に基づき、経理責任者や担当者に対して訪問教育や研修を行います。必要に応じて現場の管理者を対象としたセミナーなどの支援も可能です。

●月次での業績検討の実践例

当グループでは、毎月、セグメントごとにセグメント会議を行っています。会議にはセグメントを束ねる部門長が出席し、各社の社長や幹部を交えて1年間の予算に対する売上、利益などの進捗状況を確認し、当月以降の見通しを議論して、現時点での業績予想を出します。

この業績予想の数値をグループ業績報告会議に提出して、各社ごとに問題点を議論します。例えば、今月の売上が未達だった場合は、それをリカバリーするためにどのような施策を考えているか、その施策で十分なのかどうかを検討し、その会社に問題解決を求めるのです。問題を指摘された会社は、数字をすべてオープンにして全員参加の形でＰＤＣＡ

Aサイクルを回して解決に取り組むこととなります。そして、次のセグメント会議を経て、次回のグループ業績報告会議に提出されます。

このように重層的にPDCAAサイクルを回すことで、課題解決の促進につなげています。

■戦略的な財務のために

中小企業では、財務活動も大きな課題です。財務の基本は、「入金」と「出金」を管理して、会社として使えるキャッシュを常に把握することに尽きます。これさえ行っていれば、いざお金が必要なときにも慌てることはないし、資金繰りに迫られて高コストのお金を借りなければならないという事態を避けることができます。

●財務における二つの課題

中小企業の財務の課題の一つは、資金繰りの「見える化」がなされていないことです。財務は、経理がきちんとしているかどうかは関係ありません。会社にいつお金が入金されて、いつお金が出ていくかという情報さえしっかり押さえておけば、おのずから見えるものです。それが見えないということは、お金の動きを見ていないということに尽きます。つまり、見えないのではなく見ていないだけです。

取引先が零細なため期日までに必ず振り込んでもらえる保証がないなどという特殊なケースは別ですが、そうでもない限り、資金繰りがうまくいかないというのは経営者の怠慢だと思っています。

当グループのお客様は主に公的機関です。すべての仕事で契約書が作成されます。その契約書には工期や納期が明示されており、仕事の進捗に合わせて検査も実施されます。そうした検査をクリアして予定どおりに最終検査に合格すれば40日以内に必ず支払われます。要するに工期末に40日を足したものが入金日なのです。

一方、社員の給与は残業で毎月変動するものの、大筋のところはわかっています。固定費や販管費なども支払い予定が明確なら先読みできますし、外注費にしても仕事の計画段階から総枠は把握できます。思わぬ工事の手戻りなど不測の事態が起きなければ、資金繰り計画が狂うことはないのです。

もう一つの課題が、資金調達の高コスト体質です。入金・出金という基本的なことを疎かにしている会社に限って財務体質が弱いため、日常的に資金繰りに困って銀行からの高コストの資金調達に頼りがちです。

知恵を絞れば、より有利にお金を調達することができます。例えば、金利には地域差があります。当グループは広域で仕事をしていますから、最も金利の低い地域でお金を借りてグループで回すということもしています。極端なことを言えば、週末の金曜日に銀行にお金を返して月曜日の朝に借りれば、金利は7分の5になるでしょう。もっとも、それを可能にするには日次できちんと資金の管理ができていて、絶対に支障が起きないという自信があることが条件になります。

●プラットフォームが可能とする財務戦略

当グループでは、グループ経営を通じて財務の面でも以下のような多くのメリットを得ています。

第1に、グループ全体で日次の資金繰り表を活用することで、各社における資金繰りの「見える化」を実現しています。

第2に、ホールディングカンパニーのもとでグループ資金の一元管理を行うことにより、資金調達コストの低減を図っています。余剰資金を有する会社のお金を集めて、資金が一時的に不足している会社に融通する「資金のマッチング」を行っているのです。当グループの4つのセグメントは事業形態が異なるので、入金時期や出金時期に変動があります。ホールディングカンパニーが介在することで資金需要の平準化が可能となり、結果として資金調達の低コスト化につながります。

第3に、ホールディングカンパニーで一括的に資金調達を行うため、個々の会社での資金調達が不要になり、社長は資金調達への懸念が払しょくされて、社長業に専念できるようになります。

第4に、グループとしてまとまることでスケールメリットが生まれ、金融機関の与信面で評価が高くなることで、より有利な資金調達が可能になります。

こうした取り組みを強化することで、「地域企業支援プラットフォーム」の参加企業にも大きなメリットを提供できると考えています。

●M&Aを可能にする財務戦略

当グループは、近い将来、部分的な資本提携を含めてグループ会社３００社を目指しています。この実現には膨大なＭ＆Ａ資金が必要となりますが、そのための財務戦略も整ってきました。

まずは、当該企業の利益を主な原資として5年から10年を目途に資金を返済すること。これにより、継続的なＭ＆Ａが可能になるはずです。もちろん、計画を実現するためには、ＰＭＩ（Post Merger Integration：Ｍ＆Ａ後に行われる事業や事業経営の統合プロセス）をしっかりとできる人材が必須となるため、その人材育成を並行して行うことは言うまでもありません。

なお、300社という数字については暫定的な目標ですが、この戦略でM&Aを進めていけば、さらに広がるはずだと考えています。

10 高収益企業を目指して（4）人材を育てる

経営者、リーダー、社員の生産性を高める

中小企業にとって、人材こそかけがえのない財産です。雇用できる社員は限られていますから、社員一人ひとりの生産性を高め、それぞれが能動的主体的に活動することで会社を永続的発展的に伸ばしていくことができます。

私が地元の中小企業の集まる場でそうした持論を述べると、「理想はそうかもしれないが、そもそも人が集まってこない」と嘆く経営者が少なくありません。

ただ嘆いていても、人は集まってきません。考えていただきたいのは、若い人から見て自分の会社がどのように見えているかということです。外から見て、その会社に魅力があ

るかどうかを判断する一つの基準は、社員の表情です。多くの社員が明るく生き生きと働いている姿を見たら、自分もその会社に入ってみようと思うものです。

その意味でも、社員第一の経営を心掛け、社員一人ひとりが輝くような職場づくりに取り組まねばならないと思っています。私が、さまざまな形で社員とコミュニケーションをとっているのも、ひとえに人材を育てることが第一の目的だからです。

社員の指針となる「フィロソフィーブック」

当グループは、M＆Aなどによりグループ企業が増え、社員が増えていく中で、経営理念を理解して成長していただきたいと願う気持ちから、2018年に「フィロソフィーブック」を作成しました。

「フィロソフィーブック」は、企業理念と、それに基づく考え方の理解を目的として、グループのすべての経営陣、社員の一人ひとりに語り掛けるつもりで、私自身が執筆しました。仕事着のポケットに入れ、机の傍らに置くことで、いつでも、どこでも自由に読める手帳サイズの小冊子としました。

メイホーグループの「フィロソフィーブック」

作成に当たって特に留意したのは、「読みやすさ」です。一般に、大企業の社員研修用テキストというと、就業規則一つをとっても「べき論」「べからず集」のオンパレードという感じで、新入社員にとっては堅苦しくてとっつきにくいという印象があります。それでは、せっかくつくっても効果が期待できないばかりか、むしろ逆効果になりかねません。

「フィロソフィーブック」では、70項目にわたって、経営理念やグループビジョン、行動指針、スローガンを説明しています。さらに、心を豊かにして人間として大きく成長していただくことを願う「素晴らしい人生をおくる」、グループ企業のトップ・役員を対象とする「経営のこころ」、会社の将来を担う管理職を対象とした「リーダーの心得」、社員を対象とする

「日々仕事をするにあたって」という形で、具体的な仕事の取り組み方や考え方を記載しました。できるだけ、わかりやすい事例も交えています。

この1冊を読み込むことで、社員は自分の仕事の生産性を高めるだけでなく、経営者やリーダーの考え方も理解できます。つまり、経営者、管理職、社員が考え方を共有することで、会社全体の生産性を高めることにつながります。この本を指針とすることで、グループ各企業、各社員は、同じ思いを共有して事業を進められると思っています。

「フィロソフィーブック」の内容については、巻末の付録に抜粋を掲載しましたので、ご参照ください。

11 高収益企業を目指して(5)
コミュニケーションがすべて

可能な限り、社員と対話する

当グループの経営の基本は、全社員が企業理念（グループ理念）を理解し、共有することにあると考えています。例えば、グループウェイ（行動指針・行動規範）の一つに「良知を判断基準にする」というものがあります。この一般的にはあまりなじみのない「良知」という言葉の意味を社員が知らなければ、会社が目指しているものや、私の信念は伝わらないからです。

「良知」とは、すべての人が本来持っている良心に基づいた最も基本的な倫理観や道徳観です。「だましてはいけない」「嘘を言うな」「正直であれ」など誰もが知る人間として当然守るべき教えです。人は誰しも「正しくありたい、他人を傷つけたくない」と思っていますが、一方で「良知」を曇らす欲望も心の中に存在します。だから、自分の「良知」に素直になる努力をすべきなのです。

「わが社は一人ひとりの持つ『良知』を信じ、『良知』をもとに判断し、『良知』を共に育む会社です」。このように説明すると、大抵の人が「良知」をわかったつもりになります。しかし、頭で理解することはあくまで第1歩であって、それだけでは十分ではありません。大事なのは「良知」に基づいて忠実に生きていくこと、つまり「致良知」なのです。

そこで私は、あらゆる機会を利用して社員に「致良知」の大切さを話すようにしています。また、いろいろな形でディスカッションも行っています。

こうしたコミュニケーションを通じて、経営理念や行動指針が意味するものを一つひとつ理解していただき、自分の仕事に生かしていくことが大切だと思っています。

社内報「社長からの手紙」

会社が大きくなってくると、社員一人ひとりに向き合って話をすることがだんだん難しくなってきます。会社が拡大するにつれ、普段、顔を合わせられない社員にも、私の考え

社内報の実際の紙面

ていることをきちんと伝えたいと思っていました。

２０００年に入って、私は、若い人から見て将来性のある魅力的な会社にしていくために、事業をどのように変えていくか、あるいは広げていくかということを真剣に考えていました。そこで、私の考えを社員に伝え、一緒に考えてもらいたいと思い、社内報『敬天愛人』に「社長からの手紙」というコーナーをつくって発信することにしました。

大企業の社内報に載っている社長の言葉というと、社員に対する強い要望など、どうしても上意下達的な内容になっていることが多いと思います。書いているのも本人ではなく、側近の方が社長の気持ちを代弁するように書いていることもあるでしょう。それゆえ、何か固く、血の通った文章になっていないように思われるのです。

私の場合、社員に向き合って話す代わりに社内報に載せるというのを目的としているので、できるだけ会話の延長として、生き方や仕事への取り組み方、知ってほしいこと、考えてもらいたいこと、自分が最近思っていることなどを自分の言葉で書くようにしています。

900回を超えた「メイホーウィークリー」

2003年頃になると、稲盛式経営学に学んだこともあり、社員と考え方を共有しないとうまくいかないという思いがいっそう強くなりました。月刊の社内報だけでは、社員に私の人生や経営についての基本的な考え方を十分伝えることができない。今考えていること、今やってもらいたいことを、もっとタイムリーに伝える方法はないだろうかと思っていました。

そのとき思いついたのが、社員にメールを届けることでした。毎週初めに一斉メールで社員に配信することにしました。これが「メイホーウィークリー」です。

毎週、土日の休日に1000字くらいの文章を書いて、月曜日の朝6時45分に送信します。最初はともかく、正直なところ続けるのは大変なことでした。しかし、それ以上に社員に伝えたいという思いが勝ったのでしょう、毎週欠かさずに配信していたら、いつの間にか900回を超えていました。1年50回、17年間にわたって休まず続けてきたことに我ながら驚きます。社員にメールを送ることが楽しくなって、大変さがどこかに行ってしまったのだと思います。

なお、「メイホーウィークリー」と先にご紹介した社内報「社長からの手紙」は、ご参考までに、巻末の付録に事例を掲載しています。

コミュニケーションは積み重ね

コミュニケーションは積み重ねが重要です。

今の若い人は、社長が社員のことを第一に考え、話したとしても、「簡単に乗せられてはいけない」と、むしろ警戒する傾向があるようです。確かに、社長の言葉とはいえ、そのまま鵜呑みにして受け入れるようでは主体性がなさすぎますが、かといって受け入れてもらえないのももどかしいものです。

前へ前へ
上へ上へ

しかし、こちらが諦めることなく何度も定期的に発信していくうちに、だんだん理解されるようになり、「社長は本気で言っているんだ」ということが伝わります。実は、内容が理解され共感してもらえるかという以前に、社長の本気度を感じてもらうことが、心を通わせる出発点だと思っています。

表面的に会社をこういうふうにしたいと言う人と、本気でそうなろうと思っている人とは似て非なるものです。その見分けはなかなかつきにくいものですが、心を通わせて付き合っていくうちに、きちんと伝わると確信しています。

そう信じて、例えば「高い山に登ろう」と語りかけます。

「人は楽をしたいと思うものです。そこそこでいいじゃないかと思えば、現状維持でよしとなりがちです。しかし、現状維持では真の充実は得られません。現状維持は衰退と考え、上へ上へと登っていくような人生が充実した人生です。司馬遼太郎の『坂の上の雲』という小説のあとがきに『楽天家たちは、そのような時代人の体質として、前をのみ見つめながらあるく。のぼってゆく坂の上の青い天にもし一朶《いちだ》の白い雲がかがやいているとすれば、それのみをみつめて坂をのぼってゆくだろう』とあります。我々も同じ気持ちで高い山を登り続けましょう。当グループの社名は、『これから登る峰は厳しいけれど、峰を越えれば、明るい未来が待っている』にある『明峰』から来ています」

こうした内容をメイホーウィークリーで配信すると、Ｍ＆Ａによってグループ会社になったばかりの会社の社員は驚くようです。親会社の社長から、突然自分あてにメールが来たものと勘違いをして、慌てて返信をくれる社員もいます。社長からメールが届くなどというのは命令か督励しかないと思っていたから、びっくりしたということでした。また、一般の社員だけでなく管理職の方からも、話の内容が今まさに自分が悩んでいることですと相談を受けることもあります。

そうした反響が届くと手応えを感じますし、それを励みにしつつ、あらゆるコミュニケーションの積み重ねは意味があるものだと再認識することができるのです。

「飲みニケーション」のすすめ

会社で仕事の話ばかりしていても、管理職と社員、社員同士で心を通わせることは難しいと思っています。プライベートの悩みや、おりおりに感じる人生に関する素朴な疑問などを率直に話すことができるようになると、仕事も円滑に進むものです。

私は、仕事終わりに居酒屋で社員同士が交流する「飲みニケーション」を奨励しています。毎月1回、職場単位で「飲みニケーション」をしてもらうために、1人当たり3000円を援助する制度もつくりました。決め事は「仕事の話は絶対にしない」ということ。そういうルールにしないと、結局は仕事の話ばかりになってしまうので、心を通わせる場にはならないと思ったからです。仕事仲間と飲んでいるわけですから、どうしても仕事の話になってしまうのが実態のようですが、ある程度は仕方がないと思っており、少しでも本来の目的に近づいていただければと願っています。残念なことに、コロナ禍により、2020年3月より「飲みニケーション」は中止となっています(2021年5月現在)。1日も早くコロナ禍が終息し、「飲みニケーション」の復活を望む声が社内のあちこちから聞かれます。

この「飲みニケーション」の実践を通じてわかったことがあります。それは、仕事がうま

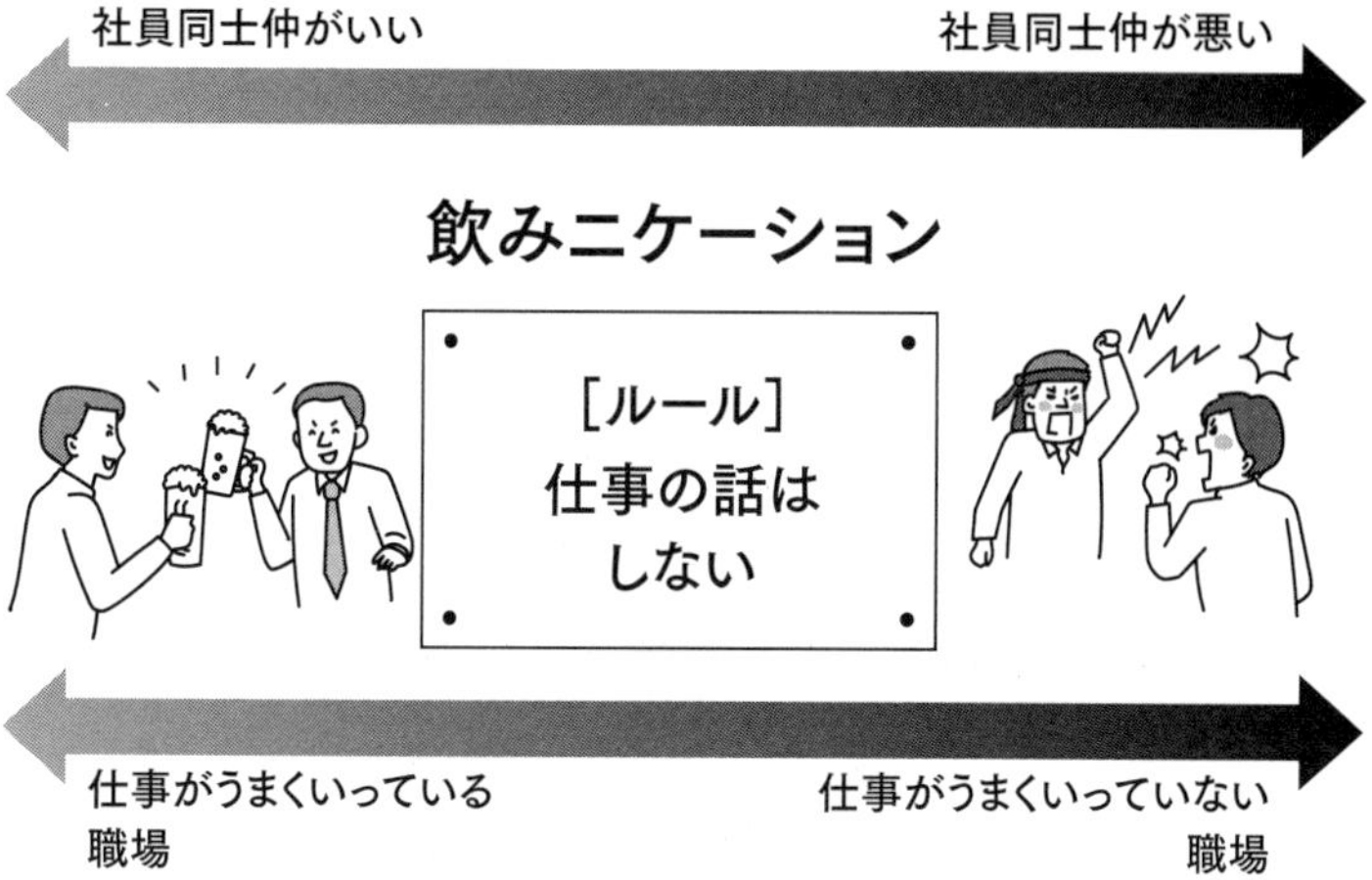

くいっているグループ会社や職場は、社員同士の仲がいい。反対に、仕事がうまくいっていないところは、例外なく社員同士の仲が悪くて、ぎすぎすしているということです。事業や仕事の中身を改革するうえで、「飲みニケーション」の様子が一つのバロメーターになるわけです。

一見すると「飲みニケーション」は無駄なように映るかもしれませんが、人間関係を滑らかにするだけでなく、実はその職場が抱える問題解決の糸口を探る近道ではないかと感じています。

「芋こじ」の効用

私があらゆる手段を使ってコミュニケーションを行っているのは、全社、全グループにおいて「根の部分をそろえる」ことが大きな目的で

す。それによって、結果的に人が育っていくと思っています。「飲みニケーション」も含めて、お互いに言いたいことが言えるような環境ができれば、仕事の生産性が高まるだけでなく、先輩後輩の間で揉まれることで社員が成長できるのではないでしょうか。

いわば、二宮尊徳の「芋こじ」です。樽の中に泥付きの里芋を放り込んで棒か板で攪拌《かくはん》すると、芋同士が擦れ合って皮がむけて洗練されていく。このプロセスこそ、私が思い描く社員の成長過程のイメージとぴったり重なるのです。

私は「芋こじ」のことを考えるとき、樽の水は何を意味するのだろう、攪拌する棒は誰に当たるだろうなどと想像します。攪拌するうちに1個ぐらい飛び出す芋もあるだろう。その芋は弾き飛ばされたのか、自分で飛び出したのか。

もしかすると一番元気な芋だから大事にしなければならないのでは。撹拌する道具も、棒や板ではなく、電動工具に変えたら効果が高いのではないか。その電動工具は何を意味するのかなどと、会社の組織に当てはめて考えると、経営のヒントを得られることも少なくありません。

実際に、棒で撹拌する場合と電動工具を使う場合とを映像で見せながら、「芋こじ」の話を社員にすると、二宮尊徳のオリジナルの話は修身か道徳くさいと思って見向きもしないような人でも興味を持って食いついてきます。それをネタにしてディスカッションに発展することもありました。

こういった会話とディスカッションを繰り返すことが、本来の意味での「芋こじ」だと思うのです。

正しい意見より好きな人の意見

自分では正しいことを言っているつもりなのに周囲が理解してくれない。そればかりか、正しいことなのに周りから否定されてしまうと感じることはないでしょうか。そのようなときは、正論には違いないものの、「錦の御旗」を掲げて上から目線で言っているように、相手から受け止められているのかもしれません。

理屈ではわかっていても、感情が先になり、正しい意見が素直に受け入れられないのが人間です。だからといって、遠慮して大切なことを伝えられないのでは、せっかくの正論も生かされません。

人は、正しい意見より好きな人の意見を聞くものです。好きな人とは、自分を理解してくれる人です。「私のことをわかってくれている」と互いに思える人間関係があって、初めて自分の意見を聞いてもらえるのです。

例えば、自分の子供を心配してくれている、あの人の飼っている犬が子供を産んだなどといったプライベートでの些細なことまで知っているなど、普段の何気ないコミュニケーションの積み重ねによって、自然と相手のことが好きになってくるのです。好きな人の意見なら素直に聞く、好きな人が仕事で困っていればなんとか助けてあげたくなるという心理は、社会だけでなくお客様や取引先の方に対しても同じように働きます。

日頃から周りの人と遠慮なく本音で語り合える良好な関係を築いて、好きな人を増やし、自分を好きになってもらうために、コミュニケーションが大切になってくるのです。

時には、大きなことを語り合おう

私は、大企業の研究所に勤めた経験があります。役所や大企業には硬直したシステムができていて、仕事の決まりごとも多いため、個人の裁量や個性が発揮しにくいところがあると思っていました。特に、組織や仕事の取り組み方を時代や社会の変化に合わせて変えたいと思っても、いろいろな制約があって実現しにくいうえ、承認を得るまでに大変な時間とエネルギーが要ることを体験してきました。

中小企業は、型どおりのことをしていては生き残ることができませんから、何にでもチャレンジすべきです。人を活かすために奨励金を出してまで飲み会をやるというのは、まさに中小企業でしかできない発想ではないでしょうか。あまりにも人間臭いというかアナログ的な発想かもしれませんが、結果的に、当グループではうまく機能しています。「そんなことをしても何も変わらない」と思う人が多くおられるでしょうが、実際にやってみると、何かが変わるという手応えを感じるのです。

少し脱線するかもしれませんが、若者の政治に対する無関心がよく話題になることがあります。そんなとき、私は、社員同士でも知人同士でもいいのですが、月に1回、飲み会をやって、世の中のことや政治のことなどを議論すれば、政治や社会に興味がわいて投票率も上がるのではないかと考えるのです。草の根的な自由な議論こそ、世の中を変える原動力になると思います。

当グループはカンボジアに拠点があるため、私は、東南アジアによく行きます。先日は、香港に立ち寄りました。市民や学生の運動は沈静化していましたが、建物や道路などに「我反抗」などと書かれたメッセージが生々しく残されていました。香港政府も背後にいる中国政府もいったんは宥和に動くしかなかったほどの学生や市民の怒りを肌で感じるとともに、もし、日本であのような問題が起きたとして、果たして市民は立ち上がることはできるのだろうか、と深く考えさせられました。

香港やミャンマーでは、今も市民や学生による草の根運動が理不尽なシステムに立ち向かっています。市民一人ひとりの政治に対する関心がなければこうした行動は不可能だったでしょう。

この「市民」を、個々の「中小企業」に置き換えれば、中小企業が能動的に動くことで大きなシステムの「壁」を壊すことができると改めて思うのです。

終章　地域創生のために

「ＶＩＳＩＯＮ２０３０」のもとで

メイホーグループは、10年後の目標「ＶＩＳＩＯＮ２０３０」を作成しています。この「ＶＩＳＩＯＮ２０３０」の中で、グループが成長する原動力として「地域企業支援プラットフォーム」の構築を位置付けています。そして、「中期経営計画Ｇｒｏｗｔｈ２０２３」のもと、２０２０年7月より「地域企業支援プラットフォーム」づくりを本格的にスタートしました。

「ＶＩＳＩＯＮ２０３０」は、当グループだけで実現できるものではありません。「地域企業支援プラットフォーム」に新たに参加いただく企業の皆様との連携・協創によって初めて達成することができます。

そこで、プラットフォームへの参加をご検討いただくために、10年後の日本の社会や経済の姿、中小企業を取り巻く経営環境、地域経済における課題、新型コロナウイルスが明らかにした問題などを考えつつ、「地域企業支援プラットフォーム」の果たす役割や参加することで得られるメリットを改めて整理したいと思います。

■2030年の日本の社会・経済は楽観できない

日本は、世界の先進国の中で最も少子高齢化が進行しています。

2030年の人口は1億1600万人と、2010年からの20年間で1200万人も減る一方で、高齢者人口は760万人増加し、まさに「超高齢社会」を迎えます。とりわけ深刻なのは、生産年齢人口が実に1300万人も減ってしまうことです。

高度経済成長期の1965年では、高齢者1人を働く人10・8人で支えていました。それが、2010年段階で2・8人にまで減少し、2030年に至るとわずか1・9人で支えなくてはならなくなるのです。

このままでは若い世代の負担があまりにも大きく、自分たちの将来に夢が持てないと思

年齢3区分別人口の推移

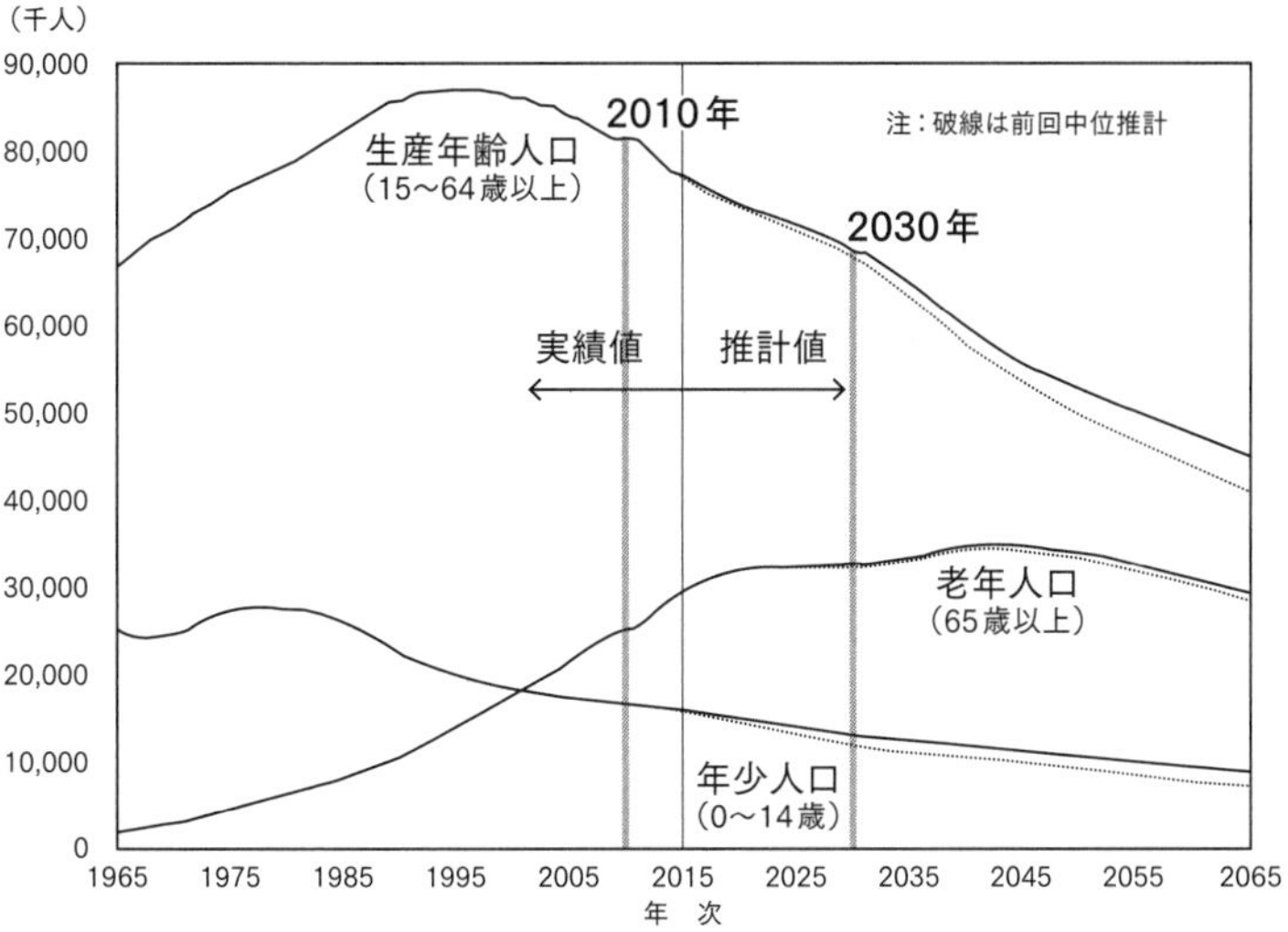

出典：国立社会保障・人口問題研究所　日本の将来推計人口（平成29年推計）

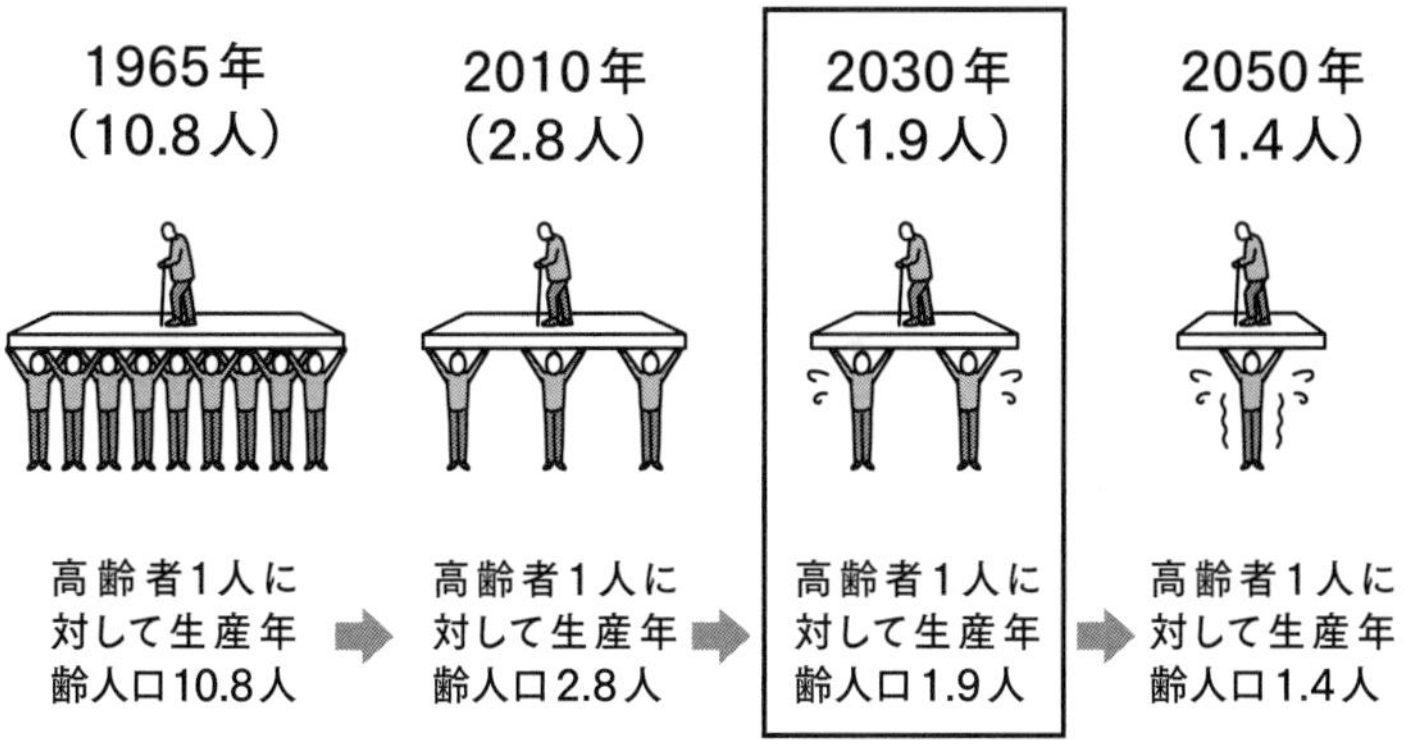

参考）令和元年版高齢社会白書（内閣府）

うのは仕方がないでしょう。

しかも、社会基盤を支える国の財政は悪化するばかりです。バブル経済崩壊後の長いトンネルの中で国の借金は増え続けており、国の債務残高はＧＤＰ（国民総生産）の２００％を超えています。このまま借金が増えていけば、２０３０年にはＧＤＰ比２８０％になると見込まれています。

今後も税収の伸びは大きく望めず、高齢化の進行による医療費や社会保障費などの増加、高度成長期に建設された高速道路や橋梁、河川堤防などの老朽インフラの改修整備など社会コストは急激に増えていきます。さらに、今回の新型コロナや自然災害に伴う想定外のコストも加わるため、国の借金がＧＤＰの3倍を超えることが現実的になりつつあります。

10年で50万社以上が消えていく

地方の中小企業を取り巻く経営環境に目を移すと、地域経済は、大都市圏への集中、生産拠点の海外移転による空洞化などにより、急速に地盤沈下が進んでいます。今後、若年層の域外流出に歯止めがかからないと、人口減によりどんどん市場が縮小していくでしょう。税収不足によって老朽化したインフラの改修もままならず、医療・教育・福祉に回す費用も不足する事態が懸念されます。この結果、望む仕事が地元にない、あったとしても給与水準が低く安定雇用につながらないため、若い世代の域外流出がいっそう加速されることになりかねません。現時点でも多くの地方の中小企業が人手不足に悩んでいますが、10年後にはさらに深刻化することは間違いないでしょう。

日本の企業数の推移では、２０２０年の３６０万社に対して２０３０年には３１０万社になるという予測があります。既存の会社のうち約7社に1社が消える計算です。当然、新規に起業される会社もありますから、実際には60万、70万社が10年のうちに消えていくことになります。

２０２０年当初の経営環境は決して悪くありませんでした。２００８年のリーマンショック以降は、東日本大震災の復興需要、自然災害に備える国土強靭化、都心再開発、外国人観光客の増加、東京オリンピック関連の建設需要などにより、景気は上向きに推移していたのです。

しかし、新型コロナのパンデミックにより状況は一変しました。世界の景気が冷え込み、日本も緊急事態宣言により経済活動が一気に停滞し、「コロナショック」はいまだに続いています。景気浮揚に期待されていた東京オリンピックも延期となりました。

もともと、「コロナショック」が起きなくても、東京オリンピック後の景気低迷が心配されていました。オリンピック後は、ほとんどの開催国が急激な景気の落ち込みに見舞われているからです。1964年の東京オリンピック、1998年の長野冬季オリンピック後にも大きな不況が起きています。さらに、バブル経済崩壊、リーマンショックなど過去を振り返れば、10年周期で不況は必ずやってくるのです。

不況が10年周期でやってくることは誰もがわかっているはずです。しかし、わかっていても何も手を打たない会社が多すぎるように思います。実際に不況になってから慌てるのではなく、業績が順調な時にこそ不測の事態に起こりうる損害を想定して、コンティンジェンシープラン（緊急時対応計画）を用意し、損害を最小限に止めることが求められます。

「コロナショック」をチャンスに変えていく

今回の新型コロナは、私たちの社会や経済、暮らしにどのような影響をもたらし、今後、どのように変えていくのでしょうか。悲観的に見る向きも少なくないのですが、私は、「『コロナショック』は地方が活性化するチャンスになる、チャンスにしなければならない」と前向きに捉えています。

第1は、テレワークやサテライトオフィスの定着です。今回、東京や大阪などで複数のクラスターが発生するなど大都市圏への人口集中がマイナス要因として働きました。

テレワークを導入したことで、会社に行かなくてもできる仕事と現場でしかできない仕事が整理されました。その結果、会社に毎日出勤しているのは、単に「忠誠心」を示し組織の一員である「安心感」を得るためということが明らかになったと思います。これを機に、自宅でのテレワークや家賃の安い地方のサテライトオフィスに仕事を分散していけば、大都市圏集中が緩和され、地方に人が定着してビジネス機会も増えるので、地域活性化につながると考えています。

第2は、モノづくりの国内回帰です。マスク不足に象徴されるモノづくりの海外依存の弊害が見えてきました。マスクに限らず、自動車部品、資材などさまざまな素材を過度に海外に依存してきた結果、国内のモノづくりにも大きな打撃が及んだのです。当グループが関係している建設会社でも、中国から建設資材が一時入らなくなったために工事が滞ることになりました。

低い食糧自給率もそうですが、国の安全保障の観点からモノづくりを見直して、コストを最優先とした海外生産から、国内生産を組み込んだサプライチェーンを再構築する必要があるのではないでしょうか。そうすれば、地方のモノづくりの空洞化も抑えられると思っています。

第3は、地域に根差したビジネスが見直されることです。観光地やリゾート施設では海外観光客が激減したために閑古鳥が鳴く事態となりました。数年前から外国人観光客が増えすぎて、昔からのお客様の足が遠のいたという声も聞きます。本来のおもてなしを考え直すことで元々のお客様が戻ってくると思います。

また、「自粛」によりネット販売が急増したことで、地域の店も厳しい状況になりました。しかし、ネット販売は相手の顔が見えません。地域の人々と結び付いている人間関係は商売の基本であり、信用のある地元の店に必ずお客様は戻ってきます。もちろん、ネット販売を否定するものではありません。地方の名産品をネットで全国に提供するなど、「ネット」＋「顔の見える信用」により、新たなビジネスを生み出すことができるでしょう。

第4は、地域のコミュニティの重要性が再確認されたことです。メディアでは医療崩壊の危険性ばかりクローズアップされてきましたが、社会システムが崩壊すれば医療も暮らしも崩壊します。今回、医療機関だけでなく学校や保育園などの公共性の高いサービスの重要性が改めて認識されたことで、サービスの充実に向けた取り組みが強化されることが期待できます。

第5に、仕事の見直しで生産性が高まることです。地震や台風などの自然災害とは異なり、「コロナショック」は物理的な被害は少ないものの、人の心理を含めて被害が広範囲かつ長期にわたりました。医療機関や福祉施設などでは限られたスタッフでサービスを続けることに献身的に取り組んでこられました。

新型コロナとの付き合いは続きます。一段落したところで、現場の負担を軽減しつつ、効率的なサービスを行う働き方改革につなげることで、地域社会を支える公共サービスの生産性を高め、働く人の定着にもつながると思います。

地域の中小企業のチャンスを広げるには

地域の中小企業が、「コロナショック」を乗り越えてチャンスに変えていくためには、課題が多いことも事実です。

チャンスを阻むのは、生産性の低さを問題視せず、経営改革意識が希薄なことです。特に、公共関連の事業を中心にしている業態では、外部からの新規参入が少なく市場の競争原理が働きにくい側面があります。それゆえ、生産性の低い企業でも何とか生き残ることができたのです。

また、企業には寿命があります。地方には歴史ある企業や老舗も多いのですが、経営者が二代目、三代目と代を重ねるにしたがって成熟化が進み、衰退段階に入ったと見られる会社が数多くあります。

そうした現実を頭では理解していても、なかなか改革に移せていない実情がチャンスを阻んでいるのです。

しかし、「コロナショック」を機に、強い危機感を抱いた経営者も多いはずです。他社の失敗事例や成功事例に学んで、自社の経営改革に取り組むことが、一つの方策ではないでしょうか。

今回の新型コロナ対応を見ても、他者の例に学ばないために失敗したケースがいくつかあります。

他国で感染が拡大していても「対岸の火事」と傍観するだけで真剣に対策をとらなかったゆえ、ほぼすべての国が初動に失敗したことがその最たるものです。

不況に対する備えの無さも明らかでした。例えば、飲食店やスポーツジムなどが「自粛で厳しい、当月の家賃さえ払えない」と窮状を訴えるニュースを見ましたが、休業補償などはその場しのぎの対症療法にすぎません。日頃から不況を想定して内部留保を蓄えておくという基本の大切さを再確認したことでしょう。

モノづくりもそうです。10年も前から中国依存を緩和する「チャイナ・プラスワン」の必要性が言われてきたのに、依然として実践できていなかったことが露呈しました。

そうした失敗の根本にあるのは、「習慣や文化はなかなか変えられない」ということです。地方に立地する中小企業も、今回の「コロナショック」を契機に、「長いものに巻かれろ」式の中央集権型の考え方を脱し、他社の事例に学んで、「徳」や「良心」に基づいて能動的主体的に行動していけば、生産性を高めることができます。

それを実現できれば、地域を支える会社に大きなチャンスがやってくるでしょう。地域の基幹産業は、現在も10年先も公共事業・建設・福祉など公共サービスが担うことになります。若い人にとって公共サービス系の仕事は誇りや社会的意義の持てる仕事です。会社として生産性を高め高収益企業となれば、給与水準を上げて雇用を安定させることができ、いっそう魅力あふれる会社になることができるのです。

「ポスト・新型コロナ時代」を生き抜くために

当グループが提唱する「地域企業支援プラットフォーム」は、「ポスト・新型コロナ時代」を生き抜くためにも大きな力を発揮します。

プラットフォームの参加企業に対して、「経営効率向上」や「人材確保」、参加企業の技術・ノウハウなどを生かした「実業の連携」を通じた利益増大、事業拡大に貢献するのが第一です。

それとともに、当グループを含めて参加企業同士が交流を深めることで、大きな成果が期待できます。例えば、新型コロナ対応の失敗例を研究する、明らかになった経営課題の対応を考える。「ポスト・新型コロナ時代」の新サービスを創造するといったことが可能になるでしょう。

今回のような想定外の不況が起きた場合でも、1社では対応が難しくてもプラットフォームの参加企業が相互協力を行うことで乗り切ることもできます。

さらに、プラットフォームに参加する意義として、会社の中の人間関係が良好になることも大きなメリットになります。今回の「コロナショック」のような緊急時こそ、会社の真の力が問われます。苦楽を共にできる人間関係ができているか、苦労を分かち合える社風ができているかということが重要になってきます。不況は職場の人間関係を見直し、再構築する絶好の機会です。プラットフォームでは、セミナーや研修などを通じて会社の理念の共有やコミュニケーション力の向上、社風づくりなどを支援します。

また、会員会社の社員のキャリアアップにも貢献します。例えば、ある会社が新規プロジェクトを立ち上げる際にプラットフォームを介して必要な人材を募る、プラットフォーム上に登録された技能を有する社員から選ぶということが可能になり、それぞれの会社が有するマンパワーを適材適所で活用できるようになるでしょう。

「地域企業支援プラットフォーム」が目指すのは、地域で最も頼りにされる技術・サービスを提供できる「地域のサポーター」企業の集合体であり、参加企業がプラットフォームを介して相互補完を図り、既存領域を深耕し、新規領域を拡大し、相互成長していく有機的組織体となることです。

そして、究極的には「地域のサポーター」が全国くまなく展開するネットワークをつくり上げることで、地域社会を変え、日本の国を変え、さらに世界の地域社会にも貢献する道を拓いていきたいと思っています。

プラットフォームとして社会的地位を高める

私が目標とするのは、「地域企業支援プラットフォーム」が、「地域のサポーター」集団として社会的に高く評価されることです。

地域に貢献する中小企業は、その役割や実績に比して決して高い評価が得られていないと思っています。せっかくよい仕事をしているのに注目が集まらず、規模の面でも軽く扱われているような気がするのです。

プラットフォームのもとで「地域のサポーター」集団が生まれれば、正当に評価されるきっかけになります。もちろん、社会的に認められるには社会的責任が伴い、それにふさわしい行動が求められます。大企業では、ＣＳＲ（企業の社会的責任）活動として、環境保全活動や社会貢献活動に取り組み、国連が掲げる持続可能な開発目標ＳＤＧｓへの貢献を掲げている企業も数多くあります。

中小企業でも、志さえ持てばできることは数多くあります。例えば、当グループでは、カンボジアで、「ＡＲＵＮ（アルン）」という会社に投資をしています。ＡＲＵＮは、日本の個人・企業からの出資金を原資とし、途上国の社会起業家に投資を行っています。この活動は援助ではなく、途上国の自立的なビジネスをサポートすることで貧困問題を解決し、社会に変革をもたらそうというものです。

ＳＤＧｓについても、当グループではカンボジアにおいて「働きがいも経済成長も」「住み続けられるまちづくりを」を意識して業務を行っています。

こうした取り組みは、当グループだけでは大きく広げていくことができませんが、「地域企業支援プラットフォーム」として発展させることで、広く社会に認知され活動を広げていくことができると思います。

付録

Appendix

メイホーグループ「フィロソフィーブック」（抜粋）

メイホーグループ「フィロソフィーブック」は、経営理念と、それに基づく行動指針の理解を目的として、作成したものです。

その内容を抜粋でご紹介します。

「素晴らしい人生をおくる」ために

当グループに入社した若い社員を想定し、ワクワクと仕事を楽しんでもらうために、人生に対する考え方、よりよい人生をおくるための秘訣などを、わかりやすく紹介しています。

●人生二度なし

人生は有限で、一度だけです。しかし、「人生二度なし」を普段から意識していないのは、無意識に自分だけは例外であると思っているからです。

我々は、旅行に行くとき、いろいろと調べて計画を立てます。しかし、自らの人生については詳細な計画を立てていません。人生のほうがはるかに貴重なのに、旅行ほど考えていないという現実を理解すべきです。

「人生二度なし」という真理に目覚めて、自分の一生について真剣に考えることが大切です。

●高い山に登る

人は楽をしたいと思うものです。現状維持でよしとなりがちです。しかし、現状維持では真の充実は得られません。現状維持は衰退と考え、上へ上へと登っていくような人生が充実した人生です。

明治の時代を前をのみ見て登っていった人々のように、我々も同じような気持ちで高い山を登り続けましょう。わが社の社名は、「これから登る峰は厳しいけれど、峰を越えれば、明るい未来が待っている」の「明峰」から来ています。

●ワクワク感を大切に

「能動的主体的に生きる」とは、「ワクワク生きる」ということです。

働く目的を、家族を養うため自分の時間を切り売りすることと考える人がいます。これでは幸せな人生をおくることはできません。それでは、働くことが苦になるだけです。

ワクワク生きるための行動はただ一つ。自分が心からしたいことをすることです。時間も忘れるほど夢中になれることを見つけることです。

●本気で思ったことは実現する

カトリックの修道女マザーテレサの言葉に

思考に気をつけなさい　それはいつか言葉になるから
言葉に気をつけなさい　それはいつか行動になるから

行動に気をつけなさい　それはいつか習慣になるから
習慣に気をつけなさい　それはいつか性格になるから
性格に気をつけなさい　それはいつか運命になるから

というものがあります。

我々の思考、心、考え方が、我々の運命を決めるのです。本気で「絶対にこうなる」と心に決めれば、言葉が、行動が、習慣が、性格までもが変わり、本気で思ったことが実現するのです。

●人生最大の病は傲慢なり

人生における最大の病は「傲慢」です。大した根拠もなく「私は偉い」、「私はこの分野のスペシャリストだ」、「あの人はよくわかっていない」と思いがちです。

「実るほど頭《こうべ》を垂れる稲穂かな」という言葉があります。稲が実を熟すほど穂が垂れ下がるように、人間も業績が上がるほど謙虚になることが大切です。

●コントロールできることとできないことを分けて考える

目標を達成できそうにないとき、心配が先立って身体が動かなくなることがあります。このようなときは、自分がコントロールできることと、できないことに分けて考えます。コントロールできないことは捨て、コントロールできることに専念すれば、最善策が明確になり、悩んでも仕方がないことに心をとらわれにくくなります。

●鏡の法則

人は鏡のようなもので、誰かに厳しく当たれば厳しい反応が返ってきますが、優しく接すれば優しい反応が返ってきます。他人が自分に対して厳しいと感じたときは、自分がその人に対してそうしているからかもしれません。

●足るを知る

「足るを知る」とは、「現状で我慢する」という意味ではなく、積極的に「現状の中に喜びを見いだす」ことです。我々は一人で仕事ができるわけではありません。お客様がいて、営業がいて、技術がいて、協力業者さんがいて仕事が回ります。このことを意識すれば感謝の気持ちが湧き出てきます。「分をわきまえる」、つまり、今与えられている自分の役割の中に喜びを見いだし、全うすることもできるようになります。

●かわいい馬鹿

人に好かれる人がいます。誰しも人に好かれたいと思っていますが、どのような人が好かれるのでしょうか？　誰からも好かれる人は、かわいくって、ちょっと「お馬鹿さん」な雰囲気を漂わせている人です。逆に言えば、かわいくなくて小賢しい雰囲気のある人は好かれません。人に好かれなければ、どんなに能力が高くてもうまくいかないのです。「かわいい馬鹿」になりましょう。

●反省ある人生を送る

自分の心を高めるには、日々の判断や行動を「人として正しいか？　驕《おご》っていないか？」と常に反省しなければいけません。簡単ではありませんが、大切なことは「汚いことをするな」「卑怯なふるまいをするな」と善きことを思い、実践しようと努めることです。それでも悪い行いをしてしまったなら、謙虚に反省することです。今日一日、自分の言動、行動を素直に反省し、やり直そうと心に誓うことで、仕事上の失敗を回避できるだけでなく、自らの欠点を直し心を高めることができるのです。

●志を持つ

幕末の思想家である吉田松陰は「志を立てることからすべては始まる」と考え、弟子たちの教育の主眼に置きました。その志は松陰が亡くなった後も弟子たちに引き継がれ、明治維新に多大な貢献をしました。

戦前、戦後を通じて活躍した教育者の森信三は「一生の志を立てることが根本です。つまり自分の生涯を貫く志を打ち立てるということです」と言っています。自分は人生を通じて何を成し遂げるのか？　この問いの答えが「志」です。悔いのない人生を生きるために、我々は志を持たなければいけません。

「経営のこころ」

「フィロソフィーブック」では、グループ会社の経営者、これから経営者を目指そうとしている管理職を想定し、「経営のこころ」として9項目を挙げています。その要点をご紹介します。

● 大家族主義かつ実力主義で経営する

大家族主義とは、お互いに感謝し合いお互いを思いやる家族のような信頼関係を目指すものです。その前提のもと、年功や序列にしばられない実力主義をとらねばなりません。しかも、職務遂行能力だけでなく、人間として尊敬・信頼され、みんなのために力を発揮できる人を組織の長とする会社風土を築くことが重要です。

●社員第一主義を貫く

社員を第一に考えるのが、わが社の経営です。お客様の期待を超えるサービスを提供するのは社員です。社員一人ひとりが能動的に仕事をすれば、お客様の満足を生み、会社に利益をもたらすことにつながるのです。

●値決めは経営

経営のポイントは値決めです。利益を度外視して安く受注するだけなら誰でもできます。少し長めの時間軸で見て、会社の利益が極大値になり、お客様に喜んで支払っていただける範囲の価格、この一点を見抜かねばなりません。会社が発展するのも倒産するのも、この値決めで決まります。

●失敗を評価する

失敗を恐れていてはチャレンジできません。成功したいのであればチャレンジするしかありません。チャレンジの回数を増やせば、成功の数も増えます。わが社は、成功するために全力を尽くした失敗を高く評価します。

● 根っこのつながったつきあいをする

心がつながったつきあいほど強固なものはありません。表面的でなく、仕事もプライベートも親身になって相談できる「根っこのつながったつきあい」から心をベースにした経営は始まります。協力業者さんやお客様とも心を開き信頼しあい、根っこがつながれば、よい仕事ができます。

● 恥ずかしがらずに利益を追求する

日本では、無意識のうちに、技術者がお金の話をするのはいやらしいという固定観念があるのかもしれません。

会社が利益を上げることは恥ずべきことではありません。正しいビジネスをして得た利益は誇るべきものです。企業が利益を生むから賃金が確保され、将来への投資もできるのです。この将来への投資が「永続的発展的なしあわせ社会」を創造するのです。

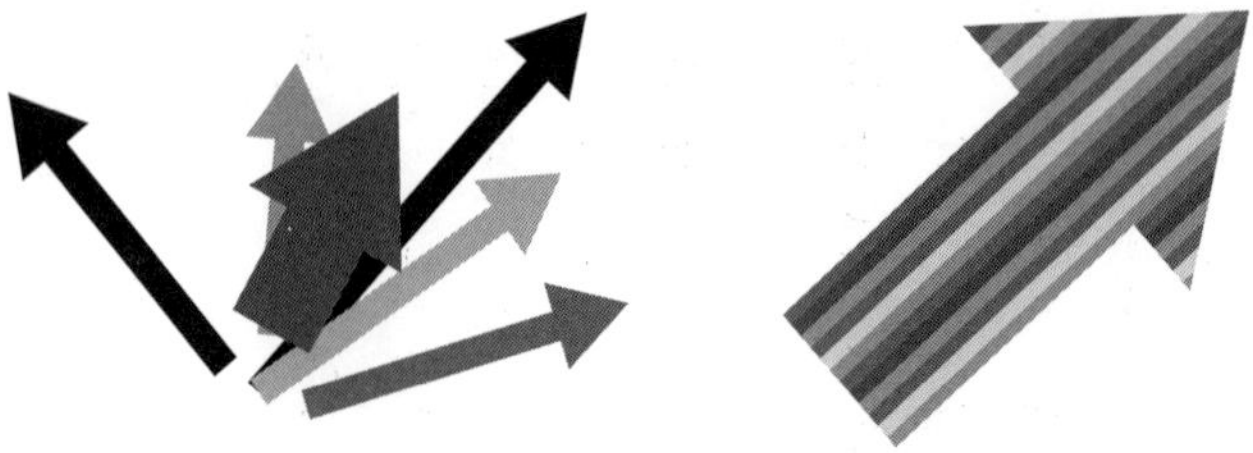

ベクトルがばらばら
＝
力が分散

ベクトルがそろう
＝
力が倍増

●ベクトルを合わせる

ベクトルとは物事の向かう方向と勢いです。社員のベクトルがそろわず、バラバラに行動すれば力は分散し、全体の力にはなりません。ベクトルが合っている会社と、そうでない会社とでは伸び方がまったく異なってきます。ベクトルが一致して初めて１＋１が５にも10にもなるのです。

●生き金を使う

お金には「生き金」と「死に金」があります。「生き金」は新規事務所、技術者や営業スタッフの採用、Ｍ＆Ａ、社員の能力向上やコミュニケーション、公益のための税金などです。「死に金」は、将来につながらない費用です。売上極大経費極小と言いますが、「生き金」を使うことは経費極小と矛盾しません。「生き金」は回り回って会社に戻ってくるからです。

●入るを計って出ずるを制する

収入を考えて支出をするのは当然ですが、つい見栄を張って余分な支出をしたり、過大投資をしたりすると、家庭であれ会社であれ破綻するのは当然です。

リーダーの心得

私が特に期待しているのは、会社の未来をけん引するリーダーの成長です。

当グループでは職場単位で、朝礼の連絡事項が済むと「フィロソフィーブック」の講読を行っています。若手社員が70項目ある中から順に1項目を読み、自分なりの感想を述べます。それに対して先輩社員がコメントをします。

導入時は、私がコメントをしていましたが、ある程度定着したところで、各リーダーにコメントを任せるようにしました。この講読会がうまくいくかどうかは、リーダーの力量にかかっています。

感想を話す社員は、内容の解釈には踏み込まないで、なんとか自分の都合のいい方向に話をそらして終わらせようとすることが少なくありません。

例えば、「刃を研ぐ時間をつくる」という次のような項目があります。

旅人が森の中を歩いていると木こりに出会いました。なかなか木が切れないのを不思議に思い、木こりのノコギリを見ると刃こぼれが目立っていました。

旅人は「木こりさん、少し休んでノコギリの目を立てたらどうですか？」と言いました。すると、木こりは「ご忠告ありがとう。しかし、私は今、非常に忙しく、ノコギリの目を立てる暇がありません」と言って、また一生懸命に木を切り始めました。

我々は、この話のように、ノコギリの目を立てるという「重要なこと」より、木を切るという目の前の「緊急なこと」にしか目がいかず、現状を改良することなしに仕事をしがちです。

日々の忙しさの中で忙殺され続けるだけでは、成長がありません。時々手を止めて「刃を研ぐ」時間をつくる。これが仕事の効率を高め、自分を成長させるのです。

この話のポイントは、「緊急」と「重要」のマトリクスの話です。「緊急」ではない「重要」なことをやるのは難しい。時間の使い方をうまく配分して、「緊急」じゃなくても「重要」なことはやりなさいということです。

しかし、若い社員は、「ノコギリは刃こぼれすると使えなくなる、また研いでもらうのにお金が掛かる」などと、たとえ話に目を奪われてしまいがちになるので、リーダーがきちんと「緊急」と「重要」の意味を伝えて、社員たちに落とし込んでいかなければならない

緊急度／重要度マトリクス

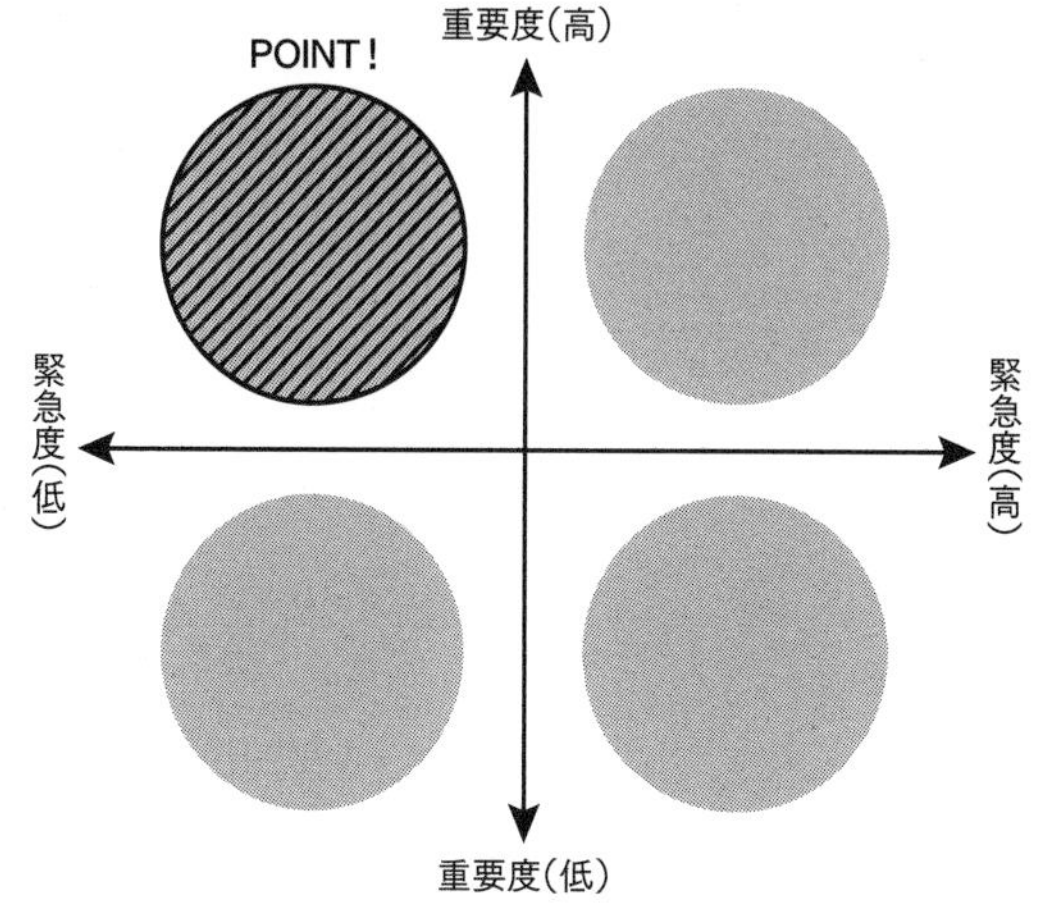

のです。

そのためには技術や営業といった実務をこなすこととは別の能力が必要になります。きちんとできるリーダーもいれば、できない人もいます。しかし、社員を引っ張っていくリーダーには絶対に必要な力なのです。朝の講読を続けている理由は、リーダーを鍛えることが大きな狙いなのです。

「フィロソフィーブック」でも、「リーダーの心得」の章を最も厚くしています。皆さんの会社の参考になればと思い、抜粋してご紹介します。

● 真の勇気を持つ

我々は、無意識のうちに人から嫌われまいとして、言うべきことを言わなかったり、正しいことを貫けなかったりしがちです。正しいと信じたならば、相手が誰であれ、言うべきことをはっきり言わなければなりません。このために「真の勇気」は不可欠です。

また、難易度の高い技術や事業にチャレンジする場合、うまくいかなかったらどうしようとビクビクしながらも必死で努力を続け成功に導く。このような修羅場で身に付けた勇気が「真の勇気」です。

●部下のよいところだけを見る

実務のよくできる人はなくてはならない存在です。しかし、リーダーになると、自分ができるだけに、部下の悪いところばかりを見がちです。むしろ、部下のよいところだけを見て、それが最大限に発揮できるように人材を組み合わせていくと組織がうまく回り、業務がうまくいきます。

●任せて任せず

人に仕事を任せられない人と、任せた以上口を出さないと考える人がいます。

リーダーは、仕事は任せても、絶えず頭の中に置き、時に報告を求め、問題がある場合には適切な助言や指示をするのがあるべき姿です。

つまり、「任せて任せず」、任せたのであって放り出したのではないということです。

●7割で満足する

部下に仕事をお願いしたとき、「自分ならここまでできるのに」と不満を感じ、つい、感情的になる場合もあります。

部下が、指示した内容の7割をやってくれれば、大方うまくいくものです。自分がやっても完璧にできるかどうかわからないのに、人に完璧を求めてもうまくいきません。残りの3割は、組織全体としてカバーし、お客様からご満足をいただくのがリーダーの力量です。

●相手の立場に立って話す

自分の考えをはっきりとわかりやすく伝えることは大切です。といっても、自分の信念を貫くあまり、相手の立場を無視して夢中になって話す社員がいます。相手の立場に立てない人は、自分の考えを人に伝えられない人です。

●両極端を合わせ持つ

「厳しさ」を体現したような上司が、部下の成果を真剣に褒めると効果があり、「優しさ」に満ちた上司が、時に部下の怠慢を叱るとメリハリの利いた指導ができます。

リーダーは、攻めと守り、大胆さと緻密さ、理想と現実など、一見矛盾するような要素を自分の中に高い次元で合わせ持ち、使い分けていくバランス感覚が求められます。

●仕事の目的を明確にし、部下と共有する

「三人のレンガ職人」という話があります。レンガ職人が働いているところに、旅人が通りかかり、「あなたたちは何をしているのですか?」と声をかけました。一人目の職人は「親方の命令で積んでいる」とぶっきらぼうに答えました。二人目は「生活のため、お金のため」と答えました。三人目の職人は「大聖堂をつくっている。多くの人が祝福を受け、多くの人が救われる」と目を輝かせて答えました。

仕事の目的をしっかりつかんで働く人は、「やらされている」という発想から解放され、仕事にも創意工夫をもたらすことができます。リーダーは仕事の目的を明確にし、部下と共有しなければいけません。

●具体的な目標を掲げ、部下と一緒に計画を立てる

自分の組織の年間売上を大きく伸ばしたいのなら、リーダーは目標を具体的な数字で明確に描くことが必要です。この際、プロセスが部下と共有され、一人ひとりの社員ごとに明確なプロセスと具体的な目標を与える必要があります。

また、年間目標だけでなく、月次目標としても明確に設定すべきです。月々の目標が明確になれば、おのずと日々の目標も見えてくるはずです。

●目標必達の強い意志を持つ

人間には潜在意識と顕在意識があると言われます。潜在意識は自覚されることなく行動に影響を与える意識です。顕在意識は心中に明瞭に自覚されている意識です。

目標達成を潜在意識に落とす方法は、朝起きてから寝るまで目標を考えるようにすることです。強く持続した願望は自然と潜在意識に入り、それに向けて必死に努力をすれば、目標は必ず達成できます。

●部下をモチベートする

グライダーは、自力で離陸できません。機体にロープをかけて車や飛行機で曳航し、上

昇したところでロープを外します。

リーダーは、部下が自分自身のモチベーションで行動できるようになるまで誘導しなくてはいけません。力をつけた部下に権限を委譲することをエンパワーメントと言います。それが、会社や組織のパワーを生み出します。部下のやる気を引き出して能力を高め、権限委譲を促進し、部下の力をフルに発揮させる環境づくりがリーダーの大きな役割です。

●最終成果のイメージを部下と共有する

目標を達成できるリーダーと、できないリーダー。違いは、目標を達成するプロセスを部下と共有できているか否かです。

一番簡単な方法は、最終的にどのようなサービスをお客様に提供し、満足いただけるのか、というイメージを部下と共有することです。そうすることでプロセスがイメージできるようになります。

旅行は、時間、行先、宿泊先などの計画を立て、臨機応変でありながらも基本的に計画に沿って行動します。このような形でプロセスを部下と共有しましょう。

●部下への期待役割を明確化し、共有する

部下の仕事に対するモチベーションが低いからダメだと決め付けるリーダーがいますが、それは間違いです。そう感じるのは、何も言わなくても部下が自分と同じくらい働いてくれると無意識のうちに期待しているからです。

逆の立場で考えてみればわかることです。上司が具体的に指示してくれなければ、何をやってよいのかわかるはずがありません。リーダーは、目標を達成するために部下への期待役割を明確化し、共有することが大切です。

●No．2と一体化する

よい会社や組織かそうでないかは、トップとＮｏ．２の関係を見ればわかります。よい会社や組織は、トップとＮｏ．２が将来のこと、今起こっている問題など、何も話さなくても相手の考えていることがわかるほど、すべてにおいてきっちりと根っこがつながっているのです。この状態にならなければ、会社や組織が伸びることはありません。

社長が優秀なのに倒産する会社はありますが、優秀なＮｏ．２がいて倒産する会社はほとんどありません。発展途上の会社や組織はＮｏ．２の働きで盛衰が決まるのです。トップであるリーダーはこのことを肝に銘じ、Ｎｏ．２と一体化しなければいけません。

「日々仕事をするにあたって」

「フィロソフィーブック」は、若い社員や、M&Aによってグループに入った社員の教育も大きな目的です。それを意識して、たとえ話をできるだけ交えて紹介しています。

日々の仕事を行うための指針も重要ですが、「経営のこころ」「リーダーの心得」を若い社員も読み込むことで、経営者やリーダーがどんなことを考えて取り組んでいるか、を知ることも大切です。

そうすることで、自分が一方的に使われているのではなく、会社の仕組みとしてそれぞれに役割があり、全員がそれぞれの役割を果たすことで会社は動いていくということを理解できるようになるのです。

「フィロソフィーブック」は70項目ありますから、おおよそ3カ月で一巡します。つまり、年4回、繰り返し講読することを通じて、自分の考えをきちんとまとめて伝える力を鍛えるとともに、リーダーの講評を聞いて自分にフィードバックしていくことが重要だと考えています。

「日々仕事をするにあたって」の章の抜粋をご紹介します。

●真面目に一生懸命働く

社会人になると、一日のうちの多くの時間を仕事に費やします。せっかく仕事に多くの時間を費やすなら、自分がやりがいを感じ、幸せを感じる時間でないといけません。一生懸命に働くということは、仕事に対する態度が常に誠実であるということです。

もちろん家族との団らん、遊び、趣味などを充実させ人生を豊かにすべきです。仕事においても、何のために働くのかをきちんと考え、真面目に一生懸命仕事に打ち込めば、成し遂げたときに他には代えがたい喜びが得られます。

●すぐやる

仕事をしていると、付随する雑務が多くあります。さっと終わらせてしまう人もいれば、「後でやればいいや」と後回しにする人もいます。

今できることをすぐにする人は、考えるべきところで、しっかり考えることができます。後回しにする人は、いつまでも仕事が片付かないので、ものを考える時間が減り、長時間働いている割には成果が上がりません。

●経験と理論を両立する

土木は経験工学と言われます。現場の安全管理の場合、現場で苦労してやってみないと決してわかりません。

経験に勝るものがないことは事実ですが、経験則だけでもいけません。理論でできることは理論で進め、本当に経験でしかできないことは経験に頼るということが合理的です。

●なぜ、なに、どこ、いつ、だれ、どんな

新聞記事の書き方に5W1Hがあります。社会の出来事を新聞記事として客観的に的確に伝えるには、最低限、これらの要素を押さえることが大切であるということです。

ビジネスのコミュニケーションも、人との間で意思と情報を確実に伝達し合うことが大切です。特に、報告、連絡には5W1Hが欠かせません。5W1Hを「なぜ、なに、どこ、いつ、だれ、どんな」と暗記して、無意識に整理できるようになると、必要事項が漏れることはありません。手戻りも少なくなり、仕事が楽しくなります。

●机の上に物を置かない

机の上に物が斜めに置かれていることが気持ち悪いと感じる人でなければ、図面を照査

するときにミスを瞬時に発見できません。

心は机の上に現れます。「心は形を求め形は心をすすめる」という仏教の言葉があります。所作や行動の形を整えることで心を整えることができるという意味です。帰宅時にパソコンなど最低限のものを除いて机の上に物を置かないこと。わが社の創業以来の伝統です。

●常に創造的な仕事をする

与えられた仕事を一生懸命行うことは大切ですが、それだけでよいわけではありません。常に反省し、改善していくことが大切です。

「これでいいのか」と考え、同時に「なぜ」という疑問を持ち、仕事の改善、改良を考え続けることが創造的な仕事へとつながっていきます。

●公私のけじめを大切にする

公私のけじめをはっきりつけなければなりません。プライベートなことを勤務時間中に持ち込んだり、仕事上の立場を利用して取引先の接待を受けたりすることは厳に慎まなければなりません。

仕事を通じての頂き物は、個人のものとせず分け合わなくてはいけません。些細な公私混同がモラルの低下を引き起こし、ついには会社全体を毒するものとなるゆえです。

●密度を上げて働く

1日は24時間です。同じ24時間でも、多くの事を成し遂げる人とそうでない人がいます。時間の条件は同じでも、人によって生み出される価値はまったく違ってきます。これは時間の密度の違いです。

時間当たりの密度を上げることで、人生はより豊かになります。長時間ただ働くのではなく、時間単位の密度を上げて、よりよい仕事をしなければいけません。「効率化」ではなく「集中」です。集中しているから効率が上がるのです。

●チャレンジ精神を持つ

チャレンジとは、高い目標を設定し、常に新しいものを創り出していくことです。困難に立ち向かう勇気、苦労もいとわない忍耐、努力が必要です。

「あなたの会社ができるわけがない」と言われていたことを実現しようとするチャレンジの連続が、わが社を成長させてきました。歴史もあり高学歴の人が多い大企業より、格闘技選手のような闘争心を持つ会社が新しい分野や事業に果敢に挑戦し、勝利するのです。

● Think（考える）

永続的発展的な企業にするのは社員一人ひとりの能動的主体的な思いが重要です。社員一人ひとりが、どうすればワクワク仕事ができるのかを、自分自身の問題として考えなければいけません。

思うようにならないことがあっても、運がない、才能がないと思ってはいけません。それは自分の限界を決めることにつながるからです。思ったことを実現する人は、常に考える人です。常に考えているから、簡単に思いつかない実現方法が生まれるのです。考えることはあらゆる進歩を生みだすもとです。常に目標の実現を考え、コツコツと努力を続ければ、必ず目標を達成し、生き生きとした人生が送れます。

会計（経理・財務）の心得

当グループが会計（経理・財務）の心得として重視していることは、「絶対にごまかさない」という1点に尽きます。業績が低迷している会社に限って、そうした倫理観が希薄になっていると思っています。

少しくらいなら構わないだろうという気持ちがあると、歯止めが利かなくなります。さ さいなことでも、公私混同をしないという潔癖な心が必要です。例えば、会社の経費で社長車を買うのは賛成できません。経営者が会社の経費で車を保有し、家族を乗せて遊びに行って会社の経費でガソリン代を払っているのを社員が知れば、どう思うでしょう。社長もやっているのだから、自分も少しぐらいならいいのではないかということになれば、もう会社の倫理観は崩壊です。コーヒー1杯でも私費を公費に付け替えないということが大切だと思っています。

当グループにおける、「会計の心得」のポイントをご紹介します。

●絶対にごまかさない

会社の数字は、飛行機の計器と同じで、絶対に間違いがあってはいけません。わずかでもごまかしてはいけません。一つ嘘をつくと、嘘を取り繕うために多くの嘘をつかなくてはいけなくなるからです。会社の数字がわからなくなると倒産につながります。また、会計資料を期限どおりに要求されたレベルで提出できないと、会社の状態がリアルタイムで表示できないため、ごまかしと同じです。

会計は、会社の経済活動のすべてを数字に置き換えたものです。現場の数字の積上が会社全体の月次の決算書になります。経営者や経理担当者はもちろん、すべての社員はどんな細かな数字もごまかしてはいけません。

●1対1対応を貫く

経済活動をすれば、モノとお金が動きます。そのとき、モノやお金と伝票が、必ず1対1で動かなければいけません。

伝票だけが先に処理されてモノは後で届く、モノが届いた後に伝票が発行されるといったことが、一流企業といわれる会社でも行われています。このような伝票操作や簿外処理が少しでも許されるのであれば、会社の数字をいくらでも変えられることになり、信用が失われます。モノやお金が動けば必ず起票され、ダブルチェックされた伝票が動く。この「1

対1対応」に例外はありません。

●シンプルな決算書を作る

シンプルな決算書とは、勘定科目の少ない決算書のことです。例えば、決算書の仮払金や立替金という勘定科目は、実際の費用が確定するまでの一時的な勘定科目です。使途の確定後は直ちに精算し、適切な勘定科目に振り替えなければなりません。

わが社の決算書には、「仮払金」「立替金」は存在しません。また、役員や社員への「貸付金」も決算日までに精算しなければならないので、勘定科目にありません。

きちんとした経営をすれば、身の丈にあったシンプルできれいな決算書ができます。それはきれいな経営の証拠です。

●ダブルチェックを徹底する

経理関係の伝票やお金の動きはもとより、お客様へ提出する資料や成果品など、社内のあらゆる書類はダブルチェックを徹底しなければなりません。

人の心は弱い一面も持っており、ふとしたはずみで不正を起こさないとも限りません。ダブルチェックは、過ちを未然に防止し、社員を守るためにも必要です。現金の入出金における担当者と上席によるチェック、公印の捺印における捺印者と保管者によるチェック、数字の二者検算など、ダブルチェックの徹底により、業務の信頼性と会社組織の健全性を守ることができます。

●トレーサビリティを確保する

トレーサビリティは、「跡をたどることができる」という意味です。わが社のあらゆる経済活動は、伝票を用いることにより、誰がいつ何のためにどこに対して使い、承認したのは誰で、誰の責任で行われているかが、一元管理されていなければいけません。

管理部門はもちろん、技術部門でも、どの文献によって定義されたものであり、基礎となるデータは何を用いたか、といった具合にトレーサビリティを確保することが大切です。これにより、業務の信頼性が高まり、お客様への説明も自信を持ってできます。

●エビデンスを残す

エビデンスは、証拠という意味です。業務上、トラブルを防ぐには口頭で確認するだけでなく、見積書、納期変更の契約書などのやり取りを行ったメールを残す、議事録を作成するなど、エビデンスを残しておくことです。

仕事は、基準に沿って処理することが多いものです。ある処理をし、結果に基づいて次の処理を行うというようにステップを踏んで処理を行う場合、その一つひとつの処理をきちんと残しておけば、仮に間違いが発生したときでも、どこで間違えたか、理由は何かということが明らかになり、二度と同じ過ちをしなくても済みます。トレーサビリティも確保され、結果として早くて正確な仕事につながります。

●ガラス張りで経営する

わが社は、信頼関係をベースに経営を行っています。給料、人事などプライバシーに関することは秘すべきですが、各組織の受注高、売上高、経費、利益といった年次・月次の数値目標や実績などはガラス張りにすべきです。リーダーの方針、考え方、行動について、部下の誰もがわかるようにするためです。自部門の数値目標や実績もわからない状態で、「一緒に目標を達成しよう」と言っても、共に頑張ってもらえるはずがありません。ガラス張り経営による公明正大さこそ、組織の信頼関係を築く基本です。

●危険側で考える

長期的には楽観的に考えることがあっても、今期の計画など目先のことは悲観的かつ危険側で考えなくてはいけません。

資金繰りでは、入金額は少なめに入金時期は遅めに考え、出金額は多めに出金時期は早めに考えなくてはいけません。最悪のことが起きても、問題なく対応できるように、常に危険側で考えるクセをつけておかないと、資金繰りが少し狂っただけで経営が難しくなります。

業務の工期、原価管理、成果品の品質管理などにおいても同じことが言えます。

●必要なときに必要なだけ購入する

物品を購入する場合、単価が下がるからといって必要以上の量を買うべきではありません。無駄遣いのもとになります。大量に購入すれば倉庫が必要になるなど管理にも余分な経費が掛かります。製品の仕様変更などで、まったく使えなくなる危険性もあります。

わが社の経営の原則は、必要なときに必要なだけ購入し、健全な資産状態を維持することです。

「社長からの手紙」の掲載例

「たらいの水」（令和元年10月1日号より）

暑かった夏も終わり、快適な日々が続いています。皆さんいかがお過ごしでしょうか？

今日は二宮金次郎（尊徳）が説いた有名な「たらいの水」の話をさせていただきます。

この話は、たらいの水を自分に引き寄せようとすると、水は向こうに逃げ、相手にあげようと押すと、こちらに帰ってくる。すなわち、幸福を独り占めしようとすると逃げてしまうが、相手のために尽くしていると幸福は勝手にやってくる、という教えです。

我々の日常生活でも、自分のことばかり考えているエゴイストは周囲から嫌われます。仕事でも、周囲が助けてくれないからうまくいかないことが多くなります。逆に人のことを第一に考えて助けている人は、周囲からも感謝されて助けられて楽しくやれるし、仕事自体もうまくいく場合が多いと思います。

江戸時代に荒廃した６００余村を立て直した金次郎の一生は、まさに、たらいの水を押

たらいの水

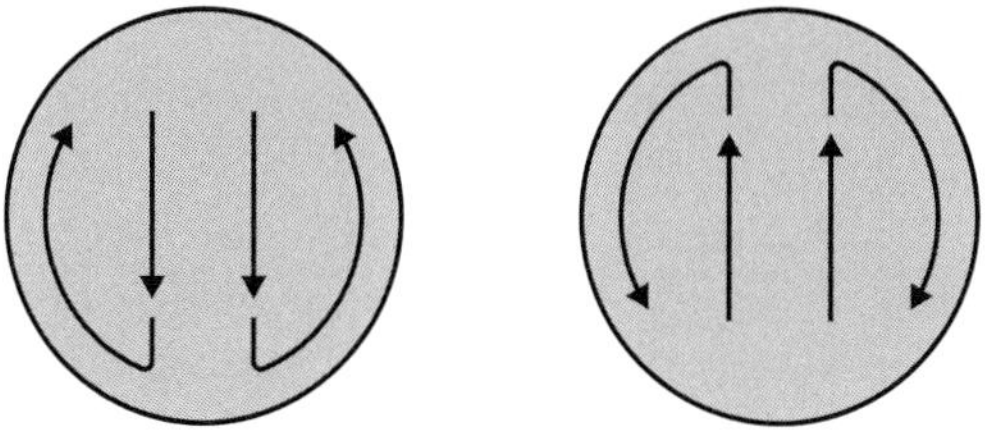

水を自分に引き寄せれば
向こうに逃げる

水を向こうに押せば
自分に帰ってくる

し続けた一生でした。亡くなったときには、まったく私有財産を持っていなかったということです。しかし600余村の農民から感謝され、さらにその教えをもとに農村復興を広めようと報徳社という組織がピーク時には1000社もつくられたというのですから、実に有意義な、幸福な一生であったと私は思うのです。

しかし、二宮金次郎の7代目の子孫、中桐万里子さんのお話によると、この話には前段があるそうです。

「何も持たず空っぽのたらいとして生まれた自分に、いまや豊かになみなみと水が注がれている。親が、先祖が、先生が、友人が、同時代を生きる同志が、たらいを満タンにしてくれた」

金次郎が感じたワクワクするようなその感激こそが「この水を他者にも受け取ってほしい」という

欲求を生み、この欲求が人を「水を押す」行動へと駆り立てるのです。もちろん水を押すのは決して義務感による行為ではありません。しなければならないことではなく、せずにはいられないことといったイメージでしょう。

相手のために自分の水を押し出している人は感謝され、たとえうまくいかなくとも、新たな学び、すなわち水を得られる。そういう感謝と喜びに満ちた人生は限りなく面白い。自分に注がれた「たらいの水」にまず感謝し、その徳に報いようと水を使っていく面白さを味わえるような人生こそが真に幸福な人生ではないでしょうか？　皆さんはいかがお考えになられますか？

「カマス理論」（令和2年1月1日号より）

新年あけましておめでとうございます。皆様のおかげで今年も無事に新しい年を迎えることができました。

今月は、固定観念を打破して組織を活性化させるヒントの一つをご紹介します。人を襲うこともあるという気性の荒い魚、カマス。企業や組織を語るうえでたびたび登場するのが、この魚の習性を捉えた「カマス理論」です。大きな水槽を透明なガラス板で仕切り、片方にカマスを入れ、もう一方にカマスのエサを入れるとどうなるか？　皆さんどう思いますか？

答えは、カマスは最初、エサを食べようとするものの、その都度、ガラスにはじき返され食べることができません。それを何度も繰り返すうちに、やがてカマスはエサを見ても無関心になり、エサを獲りに行かなくなるのです。ガラス板をこっそりはずすとどうなるかというと、動かなくなりエサに見向きもしません。ガラス板はもうないのに、ガラス板があってエサは食べられないという誤った固定観念が刷り込まれているのです。これを「学習性無気力感」というそうです。まず、我々は業界の慣習などの思い込み、昔からわが社ではこうやってきたんだなど、我々自身の固定観念・既成概念である「学習性無気力感」は何かを見いださなければいけません。

さて、この「学習性無気力感」にそまったカマスにエサを獲りに行かせるにはどうしたらよいと思いますか？

答えは、新しいカマスをガラス板を取り除いて仕切りのなくなった水槽の中にもう一匹入れるのです。すると新たに水槽に入れられたこのカマスはガラス板の固定観念も何もないので、エサが投げ込まれるとそれを獲りに行きます。するとそれを見た固定観念を持ったカマスも「なんだ、獲れるんだ」ということで、つられてエサを獲りに行くということだそうです。

カマスはガラスがあるものと単純かつ直線的に学習してしまった訳ですが、我々がこれでは困ります。例えガラスがあっても、ぶつかり続ければガラスを破ることができるかもしれない、その方法が見つかるかもしれない、隙間があるかもしれない、突然ガラスがなくなるかもしれない…など、いくらでも可能性はあるわけです。

コトの大小にかかわらず、何かを成し遂げた人は、必ずや成功するまでやり続けているのです。成功の秘訣は成功するまでやることと多くの成功者が言っています。やり続ける、やり遂げるにはどんな立場やポジションであれ、目的に向かって周囲を巻き込むことが必要となるからです。組織が停滞すると、思い込みや諦めを招く「仕切り」ができやすい。それを取り除き、活性化させるためには、新しいカマスを放り込むことも一つの方法だと思います。

あなたは今年どの固定観念、既成概念を壊し、新たなことにチャレンジしますか？　何かを捨てずに何かを得ることは無理です。

カマス理論

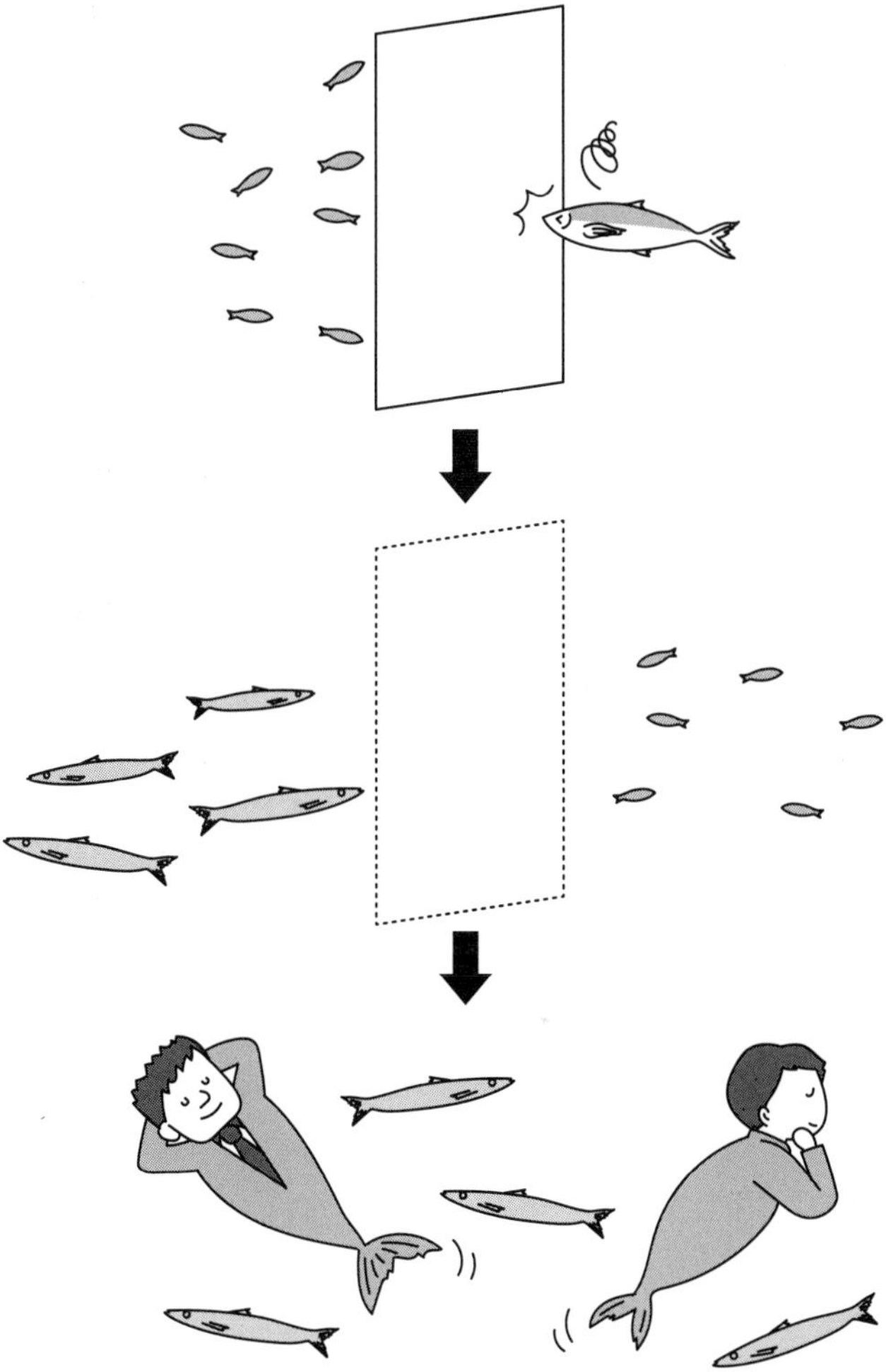

「メイホーウィークリー」の掲載例

No．885（20／02／17配信）

おはようございます。

能動的と受動的ということ。

今の時代、上司が部下に始業5分前に仕事の準備を終了させ、いつでも仕事ができる状態をつくっておいてくださいと言えば、時間外手当を付けないと労働基準法の違反になります。

一方で、自分の意志で朝早く出社し、自らの意志で掃除をし、始業時間前から仕事の準備をしておられる人もおみえです。

受動的、すなわち、人から言われてやらされる状況は苦ですが、能動的、すなわち自分の意志で進んでやれば幸せにつながります。

私は子供の頃からロック音楽を聴いて育ったので、子供の頃から人の目を気にして生きるのではなく、自分の思うように生きるべきではないかという価値観が強いのです。

どんなことでも、例えば、先ほどの朝の出社時間の話にしても、人の目を気にして早く行くのと、自分の意志で早く行くのとではまったく違います。

すべて自分の意志で決めればいいのです。

自分の心を信じて自分の心に従って生きればいいのです。

能動的な人生、受動的な人生、それも皆さんの意志で決めればいいと思いますが、ビジネスマン、技術者、スポーツ選手、タレント、何でもいいですが、受動的に一流にさせられた人が本当の一流になることはあるのでしょうか？

一流でなくてもいいと思いますが、本当に満足いく人生になるのでしょうか？

人生二度なしと私は思っていますが、人生は何度でもあり、例えば、１００年後にもう1回生まれ変わってやり直せるのであれば、今回の人生は受動的に生きてもいいのかもしれませんね。

私はもうあと25年くらいで人生が終わり、もう二度と生きることはできないと思っていますから、貴重な25年、自分の思うように生きたいと思います。

受動的なことをやらされ続ければ、精神も病むと思います。

能動的主体的に生きましょう。

どうしても受動的にしか生きられないという方は私までご連絡ください。

一緒に考えましょう。

Ｎｏ．８５６（19／07／29配信）

【インフォメーションとコミュニケーション】

最近、メイホーグループの最大の問題点だと私が思っていることがあります。

それは、すべてにおいて言えることなのですが、

特にホールディングスの人が各社の方々に対して話をするとき、

インフォメーションはしていても、

コミュニケーションがとれていないと心から危惧しています。

インフォメーションとコミュニケーションはまったく違います。

インフォメーションは自分の言いたいことを伝えるだけ、言い換えれば一方的な伝達です。

一方、コミュニケーションはお互いに理解し合おうとする、言い換えれば双方向的な理解ということです。

コミュニケーションがとれていない本質的な原因は、

お互い自分たちが正しいという個人個人の傲慢さやエゴだと思っています。

今、メイホーグループは組織経営への移行期です。

地域のサポーター14社のグループから３００社のグループになっていく、

そのためにはガバナンスが機能した組織経営に移行していかなければいけません。

それも急激なスピードで移行していかなければいけません。

皆さんが自分の会社をはじめグループをよくしていこうという気持ちに変わりはないと思います。

その心をベースにインフォメーションではなくコミュニケーションをとってまいりましょう。

このことができなければメイホーグループは組織経営に移行できません。

お一人おひとりしっかりとお考えいただきたいと思っております。

No．854（19／07／16配信）

おはようございます。

雨が続きますが体調はいかがでしょうか？

私は、人生はその人の持っている判断基準で決まるとよくお話しします。

なぜならその瞬間瞬間の判断の積み重ねが皆さん一人ひとりの人生を創っていくからです。

それではどのような判断基準で生きれば人生がうまくいくのでしょうか？

私は「良知」に基づいた判断をすればいいと思っています。

「良知」に基づくというと難しく聞こえますが、

要は人間が本来持つ良心に基づいた、

最も基本的な倫理観や道徳観です。

「だましてはいけない」「嘘を言うな」「正直であれ」など、

誰もが子供の頃に両親や先生から教えられ、

よく知っている人間として当然守るべき教えです。

日常の判断や行動においては、

こうした教えに基づき、

自分（会社、業界）にとって都合がよいかどうかではなく、

「人間にとって普遍的に正しいことは何か」ということから判断していかなければなりません。

このような判断基準さえ忘れなければ、

長期的に大きな失敗をすることはあり得ず、

自分の天命を活かした人生になるのではないのかと私は思っています。

おわりに

最後に、全国の「地域のサポーター」の皆様に、「地域企業支援プラットフォーム」への参加を改めてお願いいたします。

今のままの経営で、あなたの会社は10年後、どうなっているのでしょうか？

あなたの会社は、あなただけの会社ではありません。あなたの家族だけでなく、社員とその家族、取引先の生活を支えると同時に、地域を支えてこられました。

あなたの会社が弱くなれば、その分だけ、地域の力が落ちてしまうのです。あなたの会社をそのような状況にしてよいのでしょうか？

小さな会社でも、集まることで、大企業にも負けない力を持つことができるようになります。かつては「重厚長大」の企業が力を持つ時代でした。これからは、小さくてもよい会社がネットワークをつくって活躍する時代だと思います。

ぜひ、「地域企業支援プラットフォーム」に参加いただいて、共に、新しい時代をつくりませんか？

お問い合わせ

■郵便物の宛先

〒５００−８３２６　岐阜県岐阜市吹上町６丁目21番　敬天ビル

株式会社メイホーホールディングス　総務部

■お電話でのお問い合わせ

電話番号：０５８−２５５−１２１２

■メールでのお問い合わせ

メールアドレス：info@meihoholdings.co.jp

【著者紹介】
尾松豪紀（おまつ　ひでとし）

1963年、岐阜県に生まれる。1986年、同志社大学卒業。1992年、㈱メイホーエンジニアリング入社。2001年、同社代表取締役に就任。2017年には持株会社に移行のため、㈱メイホーホールディングスを設立。現在、同社代表取締役社長として14社の経営を行う中で「永続的発展的な企業を創る」「全従業員のしあわせを追求する」「地域社会の発展に貢献する」の3つの企業理念のもとに、建設関連から、人材派遣、介護等、地域を支えてきた中小企業を結び、企業の経営効率化・人材・業務連携をサポートする「地域企業支援プラットフォーム」を通じて「地域のサポーター企業」を育成している。

「地域創生」の法則

2021年7月22日発行

著　者――尾松豪紀
発行者――駒橋憲一
発行所――東洋経済新報社
〒103-8345　東京都中央区日本橋本石町 1-2-1
電話=東洋経済コールセンター　03(6386)1040
https://toyokeizai.net/

装丁・DTP…アスラン編集スタジオ
編集協力………エフビーアイ・コミュニケーションズ／渡辺稔大
イラスト…………吉村堂（アスラン編集スタジオ）
印刷・製本……藤原印刷
編集担当………井坂康志

ISBN 978-4-492-96185-8